近代中外关系系列

西洋器物传入中国史话

A Brief History of
Western Artifacts Imported into China

隋元芬 / 著

社会科学文献出版社
SOCIAL SCIENCES ACADEMIC PRESS (CHINA)

图书在版编目（CIP）数据

西洋器物传入中国史话/隋元芬著．—北京：社会科
学文献出版社，2011.12
　（中国史话）
　ISBN 978 - 7 - 5097 - 1707 - 3

Ⅰ.①西…　Ⅱ.①隋…　Ⅲ.①进口商品－贸易史－中
国－近代　Ⅳ.①F752.95

中国版本图书馆 CIP 数据核字（2011）第 111365 号

"十二五" 国家重点出版规划项目

中国史话·近代中外关系系列

西洋器物传入中国史话

著　　者／隋元芬

出 版 人／谢寿光
出 版 者／社会科学文献出版社
地　　址／北京市西城区北三环中路甲 29 号院 3 号楼华龙大厦
邮政编码／100029

责任部门／人文科学图书事业部　（010）59367215
电子信箱／renwen@ ssap. cn
责任编辑／宋淑洁　岳　蕾
责任校对／谢　敏
责任印制／岳　阳
总 经 销／社会科学文献出版社发行部
　　　　　（010）59367081　59367089
读者服务／读者服务中心（010）59367028

印　　装／北京画中画印刷有限公司
开　　本／889mm×1194mm　1/32　印张／5.875
版　　次／2011 年 12 月第 1 版　　字数／114 千字
印　　次／2011 年 12 月第 1 次印刷
书　　号／ISBN 978 - 7 - 5097 - 1707 - 3
定　　价／15.00 元

总　序

　　中国是一个有着悠久文化历史的古老国度，从传说中的三皇五帝到中华人民共和国的建立，生活在这片土地上的人们从来都没有停止过探寻、创造的脚步。长沙马王堆出土的轻若烟雾、薄如蝉翼的素纱衣向世人昭示着古人在丝绸纺织、制作方面所达到的高度；敦煌莫高窟近五百个洞窟中的两千多尊彩塑雕像和大量的彩绘壁画又向世人显示了古人在雕塑和绘画方面所取得的成绩；还有青铜器、唐三彩、园林建筑、宫殿建筑，以及书法、诗歌、茶道、中医等物质与非物质文化遗产，它们无不向世人展示了中华五千年文化的灿烂与辉煌，展示了中国这一古老国度的魅力与绚烂。这是一份宝贵的遗产，值得我们每一位炎黄子孙珍视。

　　历史不会永远眷顾任何一个民族或一个国家，当世界进入近代之时，曾经一千多年雄踞世界发展高峰的古老中国，从巅峰跌落。1840 年鸦片战争的炮声打破了清帝国"天朝上国"的迷梦，从此中国沦为被列强宰割的羔羊。一个个不平等条约的签订，不仅使中国大量的白银外流，更使中国的领土一步步被列强侵占，国库亏空，民不聊生。东方古国曾经拥有的辉煌，也随着西方列强坚船利炮的轰击而烟消云散，中国一步步堕入了半殖民地的深渊。不甘屈服的中国人民也由此开始了救国救民、富国图强的抗争之路。从洋务运动到维新变法，从太平天国到辛亥革命，从五四运动到中国共产党领导的新民主主义革命，中国人民屡败屡战，终于认识到了"只有社会主义才能救中国，只有社会主义才能发展中国"这一道理。中国共产党领导中国人民推倒三座大山，建立了新中国，从此饱受屈辱与蹂躏的中国人民站起来了。古老的中国焕发出新的生机与活力，摆脱了任人宰割与欺侮的历史，屹立于世界民族之林。每一位中华儿女应当了解中华民族数千年的文明史，也应当牢记鸦片战争以来一百多年民族屈辱的历史。

当我们步入全球化大潮的 21 世纪，信息技术革命迅猛发展，地区之间的交流壁垒被互联网之类的新兴交流工具所打破，世界的多元性展示在世人面前。世界上任何一个区域都不可避免地存在着两种以上文化的交汇与碰撞，但不可否认的是，近些年来，随着市场经济的大潮，西方文化扑面而来，有些人唯西方为时尚，把民族的传统丢在一边。大批年轻人甚至比西方人还热衷于圣诞节、情人节与洋快餐，对我国各民族的重大节日以及中国历史的基本知识却茫然无知，这是中华民族实现复兴大业中的重大忧患。

中国之所以为中国，中华民族之所以历数千年而不分离，根基就在于五千年来一脉相传的中华文明。如果丢弃了千百年来一脉相承的文化，任凭外来文化随意浸染，很难设想13亿中国人到哪里去寻找民族向心力和凝聚力。在推进社会主义现代化、实现民族复兴的伟大事业中，大力弘扬优秀的中华民族文化和民族精神，弘扬中华文化的爱国主义传统和民族自尊意识，在建设中国特色社会主义的进程中，构建具有中国特色的文化价值体系，光大中华民族的优秀传统文化是一件任重而道远的事业。

当前，我国进入了经济体制深刻变革、社会结构深刻变动、利益格局深刻调整、思想观念深刻变化的新的历史时期。面对新的历史任务和来自各方的新挑战，全党和全国人民都需要学习和把握社会主义核心价值体系，进一步形成全社会共同的理想信念和道德规范，打牢全党全国各族人民团结奋斗的思想道德基础，形成全民族奋发向上的精神力量，这是我们建设社会主义和谐社会的思想保证。中国社会科学院作为国家社会科学研究的机构，有责任为此作出贡献。我们在编写出版《中华文明史话》与《百年中国史话》的基础上，组织院内外各研究领域的专家，融合近年来的最新研究，编辑出版大型历史知识系列丛书——《中国史话》，其目的就在于为广大人民群众尤其是青少年提供一套较为完整、准确地介绍中国历史和传统文化的普及类系列丛书，从而使生活在信息时代的人们尤其是青少年能够了解自己祖先的历史，在东西南北文化的交流中由知己到知彼，善于取人之长补己之短，在中国与世界各国愈来愈深的文化交融中，保持自己的本色与特色，将中华民族自强不息、厚德载物的精神永远发扬下去。

《中国史话》系列丛书首批计 200 种，每种 10 万字左右，主要从政治、经济、文化、军事、哲学、艺术、科技、饮食、服饰、交通、建筑等各个方面介绍了从古至今数千年来中华文明发展和变迁的历史。这些历史不仅展现了中华五千年文化的辉煌，展现了先民的智慧与创造精神，而且展现了中国人民的不屈与抗争精神。我们衷心地希望这套普及历史知识的丛书对广大人民群众进一步了解中华民族的优秀文化传统，增强民族自尊心和自豪感发挥应有的作用，鼓舞广大人民群众特别是新一代的劳动者和建设者在建设中国特色社会主义的道路上不断阔步前进，为我们祖国美好的未来贡献更大的力量。

陈奎元

2011 年 4 月

作者小传

隋元芬，女。北京大学历史系毕业。现为中央电视台总编室副研究馆员。发表有《清末的两家京师图书馆》、《中国近代图书馆事业的兴起》、《信息时代的图书馆传统业务》等论文。

目　录

一 日用消费品

缝衣针

今天，生活在电子时代的人们很难想象，150 多年前，中国农妇手中的一枚小小缝衣针也是从外国进口的。不仅如此，这种极不起眼的商品在早期的进口货中还占据了相当重要的位置。

道理很简单，鸦片战争以后，洋纱洋布逐渐取代鸦片成为主要的进口货。人要穿衣，中国有几亿人口，人手一枚针，就是几亿枚。

就像土布的质量不敌洋布一样，中国的土针也远远不如机器制成的洋针。

中国的土针是怎样制造的？1857 年，一名英国人参观了宁波的一家制针工场后描写道："在那里，你可看见人们用手把长长的钢丝在石头上摩擦，以达到必要的细度，然后截成所需要的长度，并锉尖，而小孩子则拾起这奇异的钢丝，在针上钻孔。"

手工制作的缝衣针最大的缺点是粗糙、不坚硬，而且因为产量低，价格自然就贵。于是，一旦光滑坚硬、价格低廉的机制洋针输入，土针被取代就是自然之事。

针是细小之物，若非成批进口，人们很难确切知道它究竟是哪一年输入的。有记载的针的大批量进口始于 1867 年。在这一年，海关统计和外国人的对华贸易报告中都着重提到了针的进口情况。大批量的进口表明针在中国已经有了市场，换句话说，中国人已经开始比较普遍地使用外国的缝衣针。

1867 年，中国共进口针 2 亿枚。由于销路很好，第二年又进口了 5 亿多枚，第三年进口近 9 亿枚。20 多年后，到 1891 年，当年针的进口量已达到 31 亿枚。针在中国供不应求，价格直线上升，1867 年进口 2 亿枚针时，到关价格是 5 万多两白银；1868 年进口 5 亿多枚针时，价格升到了 26 万多两白银，针的数量为 2 倍多，价格却为 5 倍多。不过这只是初期的情况，不久由于市场的饱和，针的价格又跌落下来。

初期进口的针主要来自英国、美国和法国，相比之下，美国货更受欢迎。因为美国的针都是用钢制的，不像英国的针那样容易弯曲和折断；同时，美国针的针鼻是圆形的，而英国针的针鼻是长形的。德国货也很畅销，因为它分小包出售，包装上印有图画和照片，能迎合中国妇女的审美心理。

说到洋针物美价廉以致取代中国的土针，这是从它的长期趋势来说的，一开始情况并非完全这样。在浙江温州，洋商把劣质缝衣针输往当地，针很粗，针眼很大，要价又太高，只能缝衣用，不适合当地传统的刺绣工艺。洋针每100枚售价0.10元，土针每100枚售价仅0.05元，当地妇女宁买土针而不用洋针。温州是最早开放的通商口岸之一，但直到1886年，洋针在这里竟然都没有销路。后来洋商根据当地情况，降低售价，输入细针，才打开了市场。1888年温州进口洋针250万枚，1891年增加到481万枚。

一般来说，到了19世纪70年代，在沿海城市和轮船通航的长江流域地区，进口缝衣针的使用已经很普及。1874年，江西九江进口了中号针25万枚。到19世纪80年代，内地城乡也已普及。一份有关河南省的商务情况记载道：在河南，针运往各处，许多地区都有大量的需求。另一份关于1884年中国的商务报告中写道："洋针在不久以前还当作珍奇物品出卖，现在已经普遍使用了。然而人们还是把它当作奢侈品来买的，每次买的很少，因为这种针是容易生锈的。如果能够用特殊包装法以防止这种缺点，那么这项外国产品的交易便会大大增进起来。"在同一时期，比较偏僻的广东琼州的城市妇女也普遍使用洋针，因为"她们所最喜欢的是，洋针针鼻比土针光滑，穿线时不致滞涩"。商家在推销洋针的过程中，最烦恼的是针的生锈问题。一包针打开后，卖出几枚，剩下的在几天内就会生锈。后来不知是怎么解决这个问题的，按照其他洋货在中国的行销情况，极有可能是把大包装的针尽量改成小包装，拆散了卖，以便迅速售出。

1895年中国民族资本主义工业兴起后，缝衣针的进口数量呈下降趋势，国产缝衣针逐步代替了进口货。

贰

一

日用消费品

但这个过程进行得十分缓慢，20 世纪 20～30 年代，在上海市场上，进口缝衣针的名牌有礼和牌、人牌，国产名牌有冀鲁针、利生针，进口货和国产货仍在争夺市场。

肥皂、牙粉、牙膏

肥皂、牙粉、牙膏这些家用化学制成品，最初也都是从国外进口的，其中最早传入的是肥皂。

中国古代的洗涤方式有两种，一种是利用稻草灰中的碱质，用水将它泡出来，洗涤器物；另一种是用皂荚树所结之荚，捣烂后制成丸状，用以洗濯。肥皂最早的传入，比较可靠的记载，见于 1854 年英商在上海所做的广告，当时肥皂主要供居住在上海的外国人使用。1860 年上海的一些洋行开始批量进货，销往各地。

肥皂输入中国后，北方人称之为"胰子"，华南人称为"枧"，长江流域称"肥皂"。

但是直到 19 世纪 80 年代末期，虽然中国商店及小摊上都出售肥皂，但这种商品并没有取代传统的洗涤剂，因为对普通中国人来说，使用肥皂还属于一种高档消费。

广州是最早通商、消费水平比较高的地区。1888 年一份寄自广东的英国在华商务报告中描写了以下的情况："现在，在每家中国商店里可以看到的另一种商品，就是肥皂。甚至在小摊子上，你都可以看到价钱较低的肥皂条。在这里肥皂应该有广大的市场，因为土货品质很坏。但我不了解对于在商店里所看到的上等肥皂会有需要。因为除了少数西人的仆役外，我从没有遇见一个中国人使用肥皂洗脸和洗手，自然在浴堂里是见不到肥皂的，或许高贵的妇女们会用到它，否则除非当作骨董，似乎就没有前途了。"

1889年，广州口岸进口肥皂的数量是4365箱，价值2334英镑，对于广州这样一个辐射整个华南地区的通商大港口来说，这点肥皂真是少得可怜。

同样是在1889年，广州的轮船上、旅馆里已出现了小盒包装的供旅客使用的上等肥皂，这可能是香皂。这种包装方式本身就说明，香皂在很长一段时间里与普通人的生活没有密切的联系。同一年，一位在长江流域旅行的外国人看到，1条肥皂被切成32片在卖，普通人抱着新奇心理在尝试使用肥皂。

进入19世纪90年代，肥皂渐渐畅销。1894年，全国进口肥皂价值38万两白银，1913年进口额增加到268万两白银。

1902年，一家肥皂厂在江西九江创办，这是中国人开设的最早的肥皂厂之一，用以抵制外洋肥皂的倾销，年产肥皂1150箱，每箱50磅，后增加到年产3000箱。1903年天津企业家创办天津造胰公司，投资5000元，后来扩充到20000元，聘请荷兰化学家司陶克为工程师，生产肥皂、香皂和洋烛，它是华北地区大规模经营肥皂工业的先行者。此后浙江、江苏、安徽等省都开办了生产肥皂的工厂。

民国初年，由于清政府被推翻，封建生产关系的束缚部分解除；加上第一次世界大战的爆发，洋货进口大大减少，中国的制皂工业得到迅速发展。广州、汉口、青岛、大连等地都有一批著名企业，但肥皂制造业的中心是上海。第一次世界大战结束后，中国人经营的五洲药房接办了原德国人创办的上海固本皂厂，留用外国技术人员，锐意经营，大力改进质量，所生产的固本牌肥皂胜过了进口货。到新中国成立前夕，仅上海一地就有肥皂厂48家，年产量约160万箱，著名品牌除固本外，还有剪刀牌、牛牌。当时，中国市场上流行的著名品牌还有：力士香皂、四合一香皂、利华药皂、美国棕榄香皂。在一段时期内，由于提倡国货，中国生产的华丰檀香皂、固本香皂、金鸡牌香皂曾取代进口的檀香皂、兰腰牌香皂和棕榄香皂。

牙膏是随着牙刷而传入的。

牙刷据说是1770年前后由英国人威廉·阿迪斯发明的。当时他正因煽动骚乱被捕入狱，对出狱后如何谋生考虑得很多。他发现人们长期用布擦牙的习惯很不科学。一天饭后，他留下一块骨头，在上面钻了几个小孔，又向看守要几根猪鬃，把它们切断，绑成小簇，涂上黏合剂后嵌到骨头的小孔中，制成了牙刷。牙刷在晚清时期已经传入，但当时人们刷牙用的是牙粉，而不是牙膏，比较著名的品牌是日本的狮子牌牙粉。为了改变人们传统的生活习惯，为牙粉打开销路，狮子牌牙粉的广告是这样做的：

牙为肠胃关系，百病由此而生。必须选擦牙

粉，始免牙疼胃弱。

你身子怎么不结实呢？我有个结实的秘法子告诉你。牙齿是不是周身很要紧的关口么？要是牙齿有病，百病由此而生。我从小的时候儿，每天早晚两回用狮子牙粉，所以牙没有一点儿毛病，吃什么都香，因此身体也很结实。连容颜都显着光润，这实在造化极了。我劝你快用这个秘法的狮子牙粉吧。

这则广告是 1909 年做的。这表明当时人们刷牙用的是牙粉，而且作为一种良好的生活新习惯，从清末开始就已提倡早晚各刷一次牙了。

牙膏主要是民国初年传入的，当时流行的品牌是美国的丝带牌牙膏，但牙粉并未退出市场。直到 1931 年，在上海市场上，日本的名牌牙膏有 1 种：狮子牌牙膏；而牙粉有 3 种：金刚石牌、狮子牌、燕子牌。到新中国成立前夕，著名的牙膏品牌有黑人牌、三星牌、固齿灵等。

 3　蜡烛、煤油

在电灯问世之前，中国家庭中比较时髦的照明用品是蜡烛与煤油灯，它们也都是舶来品。

蜡烛的进口早于煤油。在 1843 年，上海等地海关已将蜡烛单列一项，规定税率，表明它是鸦片战争后五口通商时期一种比较重要的进口商品。

中国传统的蜡烛是用牛油等动物油脂制成的。进口的蜡烛是白蜡，光亮度高，冒烟少，逐渐排挤了传统的土蜡烛。

进口的蜡烛称洋蜡或洋烛，主要是日本产品，在清末有牡丹牌、铁锚牌，也有一部分是欧洲货。

在煤油输入中国后，人们发现了一种比洋蜡更明亮更省钱的照明物，蜡烛的进口量一度锐减。

在1879年的温州，夜间营业的商店大部分都使用了煤油灯，只有少数在方形玻璃罩中点燃着红蜡烛，大约是用红蜡烛图个吉利，使买卖兴隆；而做夜生意的绝大部分货担上，点的都是煤油灯，因为煤油灯更实用，不怕风吹，光亮度高。

在1884年的四川，城市中的许多家庭都把洋蜡改换成煤油灯。当年的重要贸易口岸镇江，洋蜡商看到来往各种船只上点的都是煤油灯而不再是蜡烛，因此非常担心再进口洋蜡会销不出去。

但是在19世纪70~80年代，蜡烛在中国仍然很有市场。这主要是由于：第一，蜡烛使用起来比煤油方便。第二，当时除上海租界外，绝大部分城市中没有路灯，人们夜间出行需用灯笼照明，蜡烛能插在灯笼里。第三，众多的寺庙中使用蜡烛。

到20世纪初，在奉天省（今辽宁省），洋蜡的进口反而年盛一年，主要原因是当地人的消费观念趋于洋化，在煤油灯尚未普及之时，用洋烛比传统的植物油灯照明更气派。1906年全省输入洋蜡1万箱，其中70%是日本货，20%是德国货。1907年增至1.5万箱，

1908 年增至 3.5 万箱。

清末时期南方各省就有许多中国人开办的仿制洋烛的小型工厂，多属于工场手工业性质，外国人也在中国设厂制造。民国时期市场上行销的有上海的南洋、亨利等华人烛厂生产的蜡烛，以及英国人创办的白礼氏洋烛厂生产的鹰牌、船牌、僧帽牌蜡烛。

煤油和煤油灯的输入，打击了蜡烛的销路，但它所取代的主要不是蜡烛，而是中国传统的以植物油为燃料的"一盏青灯"。

煤油的早期传入，可见于 1854 年英国商人在上海报刊上刊登的出售煤油的广告。当时主要是供给在上海的外国人使用的。直到 1867 年，上海的进口量仍只有 29842 加仑，因为当时在中国人中还未普及。到 1878 年，仅上海一地，进口量就达 400 万加仑。1886 年全国进口量达 2300 万加仑，但很不平衡，1887 年河南仅销售 6000 加仑煤油。

在内地，由于长江通航，沿岸各城市都很快用上了煤油。1874 年，江西九江还仅仅进口 370 加仑的煤油，几年之后，洋烛与煤油已开始取代土烛和青油灯，所有买得起的人，都开始放弃土法照明，改用这些外国替代品。

早期传入的煤油是石油生产大国美国的产品。从 19 世纪 80 年代起，俄国煤油开始大量输入，与美油争夺市场。在煤油和洋烛未传入之前，中国人主要用植物油照明，广东地区用花生油，长江流域用菜籽油，北方地区用豆油，用一个灯碗，捻一根棉线，浸泡在油碗里便可照明。光亮虽然不足，但价格便宜。

外国煤油是怎样取代这种古老的照明方式的？

曾经有过这么一个传说，煤油初进中国时因为种种原因，一直打不开市场。后来美孚洋行在上海等大城市中，免费向市民赠送煤油灯，灯中盛满了油。中国人出于好奇，纷纷去领取，回家一点，果然明亮如昼。很快，一灯煤油燃尽了，美观的煤油灯成了废物。好在煤油价格不太贵，不妨去买一点。如此一而再，再而三，再也不习惯于昏暗的菜油灯了，外国煤油的市场打开了。

不管这个传说是否准确，但煤油价格比中国自产的植物油价格低却是事实。1884 年宁波地区煤油每斤售价 32 文钱，而豆油、花生油及其他植物油每斤售价 84 ~ 88 文钱。煤油发光力强，但也有缺点，一是容易引起火灾，二是不像植物油那么耐用。在许多地区，煤油排挤植物油往往是利用当地的自然灾害，油料植物歉收，油价上涨而打开市场并站住脚跟的。到了1886 年，一份有关长江流域使用煤油的记载写道："内地各处使用煤油的越来越多，广州制造的廉价油灯也有助于煤油的推销。过去天黑就停工的行业，现在有许多在夜间也工作了。穷苦的读书人也能在夜间燃点煤油灯而不致损害他们的眼睛。鞋匠、磨工、裁缝和木匠，在夜间全都使用油灯。"

随着煤油的普及，煤油灯也流行起来。

最初的煤油灯是从国外输入的，但出乎外国商人的预料，中国百姓喜爱煤油却不愿购买煤油灯。道理很简单，煤油灯虽然美观，点起来明亮，但对于普通人来说，它的价格贵了点。

不买煤油灯，怎样用煤油来照明？

开始时中国人是用传统的植物油灯盛上煤油来照明。植物油灯的上方是敞口的，而煤油是易燃品，煤油灯的构造应是封闭的，只留一点灯芯在外面。于是，初期用这种方法引起了不少火灾。比较大的一次是1878年汉口烧毁了一条繁华大街上的12栋房子。此后，不少地方的绅士和官府把煤油视为危险品，禁止民间使用。

禁止总不是办法，关键在于如何解决问题。在通商口岸地区，由于罐头食品的输入，有许多吃剩扔掉的空罐头盒。聪明人把罐头盒的盖子去掉，另装一块铁皮，中央穿一个圆孔，焊在铁罐上方，再焊一个把手在罐的旁侧，中国人自制的煤油灯就这样产生了。罐头数量很有限，但这也难不倒当地的人士。煤油是用煤油桶运来的，桶是洋铁皮制成的，洋铁皮可以加工成简易煤油灯；有多少煤油就有多少洋铁桶，于是煤油灯制作业产生了。

最早成批生产煤油灯的是广州，产品运往全国各地。1879年，一份有关烟台的商务报告写道："在中国富裕阶层中，以煤油代替花生油和豆油的使用日广。使用煤油就不得不使用一种特别制造的煤油灯……广东人正在制造煤油灯，并大量输出，本埠曾收到几批。"到了1880年，汉口销售的广东煤油灯，比过去的更美观，更安全，价格也便宜，"一块钱就可以买到一个比较好的灯了"。

煤油的普及和从广东开始的中国自制煤油灯的推广相辅而行。到了 1885 年，偏僻的海南岛的情况是："煤油进口的增加，在一方面说来，是广东制造的煤油灯价格低廉的结果。从前，一盏煤油灯的价格是二至三元，而现在，一盏好的吊灯只售六角。从前灯罩每个一角二分，现在只售三分。"

煤油和煤油灯最初都是家庭照明之用。1900 年以后，随着城市公共设施建设的开展，开始作为路灯使用，为市民夜行提供了极大的方便。

煤油是中国早期进口的最重要商品之一，1911 年共进口 2.4 亿加仑，价值 3481 万两白银，占全部进口总额的 7.38%，是仅次于棉纺织品的一项大宗进口货。

与煤油属于同类产品的汽油，输入的时间要晚得多。1902 年汽车传入中国，1905 年汽油的输入量为 4.7 万加仑，价值 8000 两白银，在中国的进口贸易中不占比重。随着汽车的大量输入，特别是中国工业的发展对燃料动力的需要，从 20 世纪 20 年代起，汽油进口猛增。1925 年全国汽油进口了 882 万加仑，1936 年为 4551 万加仑。

民国时期，在中国经营煤油和汽油的主要是美国的美孚洋行、德士古洋行和英国的亚细亚火油公司，三家垄断了中国的石油制品市场。中国人经营煤油进口的主要是 1926 年成立的光华石油公司，有资本 110 万元，但实力远不能与上述三家公司匹敌。在中国的美孚洋行属于洛克菲勒财团的子公司，亚细亚火油公司是英荷壳牌垄断集团的分公司。这三家公司在南至广东的海口，北至哈尔滨，西至重庆的全国各大中城市都设立了分支机构，各分支机构辖有更小的分行，把煤油的推销深入到穷乡僻壤。美孚洋行在上海、天津、汉口等大城市中都修建了大型油池和储油库，在沿海及内河备有大型运油船队，在铁路运输中自备有油罐车，并与中外各运输公司订立合同，美孚洋行的运油车船一到，当地就准备好民船，将油运到公司势力所及的各个角落。

 **火柴**

火柴发明于 1825 年，它的发明有一点偶然性。

当年，英国化学家在做试验时，将硫化锑和氯酸钾拌在一起，不慎中将一些这种化合物沾在一块石头上，沾有这种物质的石头遇摩擦后迅速燃烧起来，这样，他发明了火柴。

1829 年，英国霍尔登爵士用磷和硫黄制成了黄磷火柴。最早大批输入中国的就是这种黄磷火柴。1848 年，德国的贝特卡又发明了安全火柴，成为世界上普遍使用的火柴。

火柴的发明距今较晚，输入中国的时间也不太长，但却是增长最快、最受欢迎的一种洋货。因为它是从外国输入的，很长一段时间里人们称它为"洋火"，又因为它比传统的打火石方便，人们又称之为"自来火"。

火柴传入中国的时间，有比较准确记载的是 1867 年，当年进口了 79236 罗，每罗 144 盒，价值 1 两白银。10 多年后，到 1885 年，进口 243 万罗，增加了约 30 倍，价格下跌了一半。

在火柴传入之前，中国人主要是用打火石来取火的。在欧洲，火柴没有发明之前，人工取火也用的是打火石。可能是因为欧洲的打火石质量比中国的好，鸦片战争以后，中国开始从英国等地输入打火石，在 1844 年中国海关的大宗进口货物统计中，都提到了火石这一项，没有提到火柴，可见当时中国输入的取火器物，还是打火石而不是火柴。直到 19 世纪 60 年代末，一位名叫李希霍芬的外国人在江苏旅行时，记载他的见闻写道：这里的人们开采火石出售。对于一个完全用火石来引火的国家来说，这种石头是一种重要的商品。后来从英国输入了更为优质的火石，这里的火石矿场就废弃了。这段记载也说明，鸦片战争以后的 20 年间，虽然欧洲已经发明了火柴，但可能是当地市场供不应求，还没有大量销往中国。

但是，火柴一旦开始成批输入，立刻就流行起来，开始是通商口岸地区，然后渐渐深入到内地。

1871 年，从宁波港口输入的火柴，已经在周围城市中取代了打火石和火镰的地位。当时，当地火柴的零售价是每盒 1 文钱，这种价格是除赤贫者外都付得起的。

1882 年，在北方贸易大港牛庄的周边城镇中，火柴已经代替了火石。

1885 年，台湾也输入了大批火柴。

1887 年，闭塞的河南也开始输入火柴，但当年还只有 3000 罗。

在 19 世纪 70 年代以前，中国市场上的火柴几乎是清一色的欧洲货，主要是英国、瑞典、德国制造的安全火柴，另有少量比利时和奥地利的产品。1875 年，一个名叫清水诚的日本人从法国回到日本，带回了欧洲的火柴工艺，开始在日本制造火柴。从 1877 年起，日本火柴倾销中国，大量排挤欧洲火柴，一度成为中国火柴市场上的主角。

日本火柴打败欧洲货的主要手段是价格的低廉。1880 年汉口火柴市场的价格：瑞典名牌"华尔冈"火柴每 380 打售价 18 两白银，英国普通火柴每 600 打售价 20 两白银，而日本火柴每 600 打仅售 15 两白银。这样，从 1871 年到 1891 年，宁波港进口的火柴，从 20 年前的全部欧洲货，变成 20 年后的绝大部分为日本货。

日本是个虚心学习他人长处善于仿制的民族，人们不能不佩服它在开始生产火柴两年后便大举向中国出售火柴。在中国火柴市场上被日本人打败的欧洲人也不能不承认这个事实："日本火柴虽然质量不及欧洲火柴，但因价格低廉而为人所乐用。"

中华民族是个节俭的民族，面对琳琅满目的各国"洋火"，中国人的第一选择就是：谁家的货便宜就买谁的。但中国人很快就大呼上当。

1881 年，中国国内贸易的重要枢纽镇江进口了大批日本火柴，后来发现，每盒火柴中有许多是擦不着火的。不得已，当地的商人第二年进口的全部改为欧洲货。

1888 年，琼州进口的火柴相当于上一年的 4 倍，其中 90% 是日本火柴。这种火柴即使在晴天时也不好使，一遇海南常有的梅雨季节，便根本擦不着火。人们发现，使用这种火柴，任何价格都是贵的。

日本火柴遇到了中国进口商的抵制，日本商人的应对之策是生产假冒的欧洲产品。

当时欧洲各国火柴中质量最好的是瑞典火柴，日本货在火柴盒上极力模仿瑞典的式样。这种火柴，"上面所贴的标记，几乎与瑞典的名牌火柴一样，只有凭外国人的眼力，经严密检验，才能查出其区别，对于完全不认识外国字的中国人，这该有多么困难"。人们一旦购买了这种仿制品，拿到手后，才会发觉它的盒子比欧洲货单薄，有的火柴连擦五六次也擦不着火；使用不久，盒子便擦坏了，整盒火柴也报废了。

假冒伪劣产品本来就很难抵制，而不少中国奸商昧着良心赚钱，使日本仿制品得以在内地特别是贫穷落后地区畅行无阻。他们欺负当地人对"洋火"完全没有鉴别能力，以劣货当良货出售。时间一长，各地的中国人"对所有方盒的安全火柴都很怀疑"，结果是玉石俱焚，真正名牌的瑞典火柴因价格较高，在很长一段时间里无人问津。

火柴是一种很容易生产的日用消费品，何必总是让外国人挣钱？

1879 年，一名叫卫省轩的日本归侨在广东佛山首先开创了中国人制造火柴的事业。他投资 3000 两白银，创办了巧明火柴厂。当时国内还没有火柴切片机，他从日本进口火柴梗，每天可生产火柴 14400 盒。1889 年又有人在广州创办了文明阁火柴局，后来发展成文明火柴厂，广东成为中国制造火柴的发源地，当时生产的都是黄磷火柴。

1887 年，有人在天津创办了一家火柴厂，1891 年失火被焚，后重组为天津自来火公司，有资本 3 万两，工人 400 人。

1889 年，当时中国规模最大的一家火柴厂在重庆创办起来。创办这家企业的是四川的日本归国商人卢干臣。他在日本时便开办过火柴厂，但日本人垄断火柴制造业，不许华人在日本设厂制造，他一气之下，回国投资。卢干臣得到了川东道黎昌庶的支持。黎昌庶曾任清政府驻英法使臣，思想开明，给予卢干臣在川东经营火柴 25 年的专利。卢干臣投资 5 万两，创办了森昌泰火柴厂；1893 年又投资 3 万两，创办森昌正火柴厂。

大约 1890 年，以经营进出口贸易致富的华商叶澄衷在上海创办了燮昌火柴厂，聘请日本归侨张阿来为技师，张妻是日本火柴厂的工人。由于在上海设厂，占尽天时地利，不久，燮昌火柴厂的资本达 20 万两，规模超过重庆的森昌泰。上海也逐渐成为中国火柴业的制造中心。

在整个清末时期直到 1919 年，中国火柴工业中两种最基本的原料：梗片和药料都依靠进口，火柴厂都是属于工场手工业性质。

　　1920年，后来被称为中国的"火柴大王"的刘鸿生在苏州创办了他的第一个火柴厂：鸿生火柴厂，投入20万元资本。当年他30岁。刘鸿生是中国第二代企业家，经营思想与前代人迥异。鸿生火柴厂一创设就从国外引进发电机、磨磷机、旋转理梗机等全套新式设备，又以每月1000元的高薪聘请化学家林天骥为工程师，产品一出厂便以精良著称，销路很好。刘鸿生又利用火柴盒面，为风行一时的美丽牌香烟做广告。鸿生火柴厂连年获利，声势大振。到1931年，刘鸿生已拥有7个火柴厂，一个梗片制造厂，成为全国头号火柴制造商，年销售量占全国的22%。过去，瑞典的"凤凰"牌和日本的"猴"牌火柴一直在中国火柴市场上称王称霸，刘鸿生火柴集团兴起后，改变了这种状况，人们用了一个形象的比喻，说他"缚住了凤凰的翅膀，捆住了猴子的手脚"。刘鸿生被誉为中国的"火柴大王"。

5 　化妆品

　　每个国家都有自己的化妆品，苏轼就曾以西子喻西湖"淡妆浓抹总相宜"。鸦片战争后，外国化妆品输入，逐渐排挤了中国传统的化妆品。

　　最早见到的有明确记载的西方化妆品的进口年代是1843年，当年对进口的"香水"、"梳妆盒"、"装饰品"一律征收5%的进口关税。既已列入征税项目，说明进口已不是零零星星的了。随着国内需要量的增加，进口越来越多。仅上海一个港口，1894年香水、脂粉进口额为50405两，1911年上升到319822两，十几年间增长6倍多。

外国化妆品打开中国市场的重要手段是报刊的广告。上海、天津、广州及其他各城市，凡有报刊之处，便有化妆品的宣传广告。晚清时期，上流社会崇洋心理很浓，尝试外国高档消费品成为一种时尚，广告宣传在促成这种消费习惯上起了很大的作用。1909年天津《大公报》首次将人像照片用于广告之中，它的第一张照片广告就是为克美利雅洗面粉而做的。照片为一美女，广告词用对话形式写成：

> 我看你的容颜儿，总是这么细腻鲜华，你有什么好法子，擦洗的这么好看哪？
>
> 不敢当。你还不知道克美利雅洗粉哪？我从前各种各样儿的香水、香粉、皂子都用过，可是没看见这么好的洗脸粉哪。谁若一试，就很惊奇这个粉的灵验，立刻脸上的肉皮儿又白又滋润又细腻起来了。不论用在脸上或是用在身上，香味儿长留不散，如在花园子四周，满是香味儿，实在舒畅快活得很了，你快买一点儿洗洗吧。

初期的化妆品广告只寥寥数语，不像这份广告词这么生动，以后越做越长，详细介绍所推销产品的功效，对人有很大的诱惑力。下面是一则有关"美容药

一

日用消费品

料花颜水之特色"的广告。"花颜水",按其英文意译应为"美容水",中国人以花喻女子,故译为"花颜水"。广告道:

花颜水最近盛行于欧美两洲。凡男女自为维持其脸上者,确有不可一刻缺少此化妆药水。故一时有曰:欲求自己颜容艳美,须要重看花颜水。花颜水于洗脸之时,滴少量于洗面器中,或融解五十倍之清水而常为使用,即可全治皮肤病。如:面□、雀斑、粉刺、□刺、汗疹、顽癣、烟气、红点晦色、油光瘰疬等,均得转恶成美。至于女子擦敷白粉斑若先使用此药水,非唯融化之妙,且能预防白粉中所含铅毒也。芳香馥郁薰风勃勃,能令人发生一种愉快者,则其人必为常用花颜水。故曰交际场面,确不可缺此花颜水,乃兼备卫生与经济,为化妆用最良之妙品。且比之白粉、花露水等化妆品之材,之价格廉而功乃大,幸勿疑之。花颜水可滴数点温水或凉水中,即依化学的作用,盆水如牛奶成白,香风发生胸间觉快,致使用不断,乃可除去丑貌换来美颜如鲜花。故其名曰花颜水。论其功效实可谓近世最新化□用之第一品。花颜水最有效儿童,或遭蚊啮咬臭虫或汗疮与一切皮肤风痒,均可擦敷患部立见功效。青年之男女脸上发生小疮或雀斑等患,均可以花颜水擦敷每天三次,必可保痊愈也。花颜水凡各埠大药房均有代售,可就近采购试用。然最要认定"美人"，将花颜水滴下于洗面器中之商标以防伪物混误是幸。

最初输入的化妆品都是欧美产品，19 世纪末 20 世纪初，日本仿制欧美化妆品成功，大量输往中国，这种"花颜水"就是日本"皮肤科学专门大医小岛亨先生经历多年苦心研究"而成的仿制品。

日本化妆品靠价格低廉打入中国市场，但真正有名气的，仍是欧美产品。清末民初，中国市场上长期旺销的化妆品主要有：美国的棕榄香皂、棕榄霜、白玉霜、金头香水，法国的巴黎香水、贝干香水、西蒙香粉，德国的 4711 香水。日本的美人牌香水销路也不错。20～30 年代，欧美化妆品厂家开始输入原料，在中国配制包装后出售。例如，法国在上海的龙东洋行经销的"可的"化妆品，就是在法国配好原料，拼好香味，将香粉装桶运到上海，再分装成小包出售。也有输入原料在中国就地生产的。如法国与美国合资的三花厂，从外国输入原料，生产"三花"牌香粉和爽身粉。当时的著名品牌有，进口货：林文烟花露水、白玉霜；国产货：双妹牌和明星牌花露水，双妹牌雪花膏、雅霜、蝶霜。

随着外国化妆品使用日广，人们的美容要求更高，对西方的整容术也产生了兴趣。

1897 年 5 月 5 日，《申报》以《毁体修容》为题，报道了刚刚兴起于法国巴黎的这种外科面部整容手术。其方法是："在老妇耳际割开，将皮切去一条，然后将面皮绷紧，密线缝之，则面上皱纹悉平，宛如妙龄女子。"《申报》并对此专门发了社论，指出中国不宜实行外科面部整容术的两条理由：其一，肌肤受之父母，不得轻毁。该报云："孔子言：身体发肤，受之父母，不敢毁伤，孝之始也。"其二，女子整容，违背三从四德古训，有诲淫之嫌。该报云："《易》言：冶容诲淫。夫冶容者，其心未必淫也，然人或因其容色之美，而图陷于淫焉，是不啻诲淫矣。"因此，该报下结论说，这种整容术，"既蹈不孝之愆，又犯诲淫之戒，居万恶之首，背百善之先"，同中国行之千年的缠足恶习一样，均属"非人情所常有"，应该禁阻。

事隔 10 余年，当西方整容师吉凌汉来到中国后，中国人挡不住美丽的诱惑，开始尝试整容。最早试行者，是上海、北京富商达官的女儿和宠妾。1911 年，吉凌汉述其来华两年经历云：

> 本医士专治面部各病，在沪开院两载，凡面麻医光，瘰疬医平，烟容、酒滞、红痣、黑瘢、雀斑、疙瘩、皱纹、疮疤，消灭无迹；皮肤粗糙，面色苍老黄黑，医之嫩且细腻而红白，须发黄白，能使乌黑，诚有返老为少化媸为妍之妙术。医愈以上各病，除洋人不计外，华人已数千人，效验大著。各省有不远千万里来者，门庭若市，应接不暇。近有北京显宦暨奉天富商敦请医治内眷，今已医愈。

此为吉凌汉由沪赴津时在《大公报》所发的广告，

从中可见其医治的范围及求治者众多。其详情，可见晚清报人汪康年的记载：

> 近有欧妇名士吉凌汉者，初至上海，自言能为人修治面目，黑者白之，污者洁之，疵点者删之，麻陷者填之。闻价格颇巨，余意此恐无人过问，或侨留之西人耳。不意业乃大盛，凡官场及大商家阔买办之少女宠妾，就请修治者不少。初时每人不过二三百金，后至千余金，吉凌汉乃大获利。而力能求治者，已尽倾箧而去。吉乃复思行其道于京，闻所携药料至三巨箧。至京，住卧车饭店（俗名六国饭店）。前一星期休息未出，第二星期已得八百金。闻有度支部员某携其妾来，欲去其面上之数粒麻点，吉索四百五十金。部员曰："吾买之尚不须此。"后乃减至二百五十金。此第发轫之始耳，以后贵胄名族联翩而至。

这则记载，反映了中国人对西方整容术从排斥到接受的转折，也说明当时这是一种极昂贵的手术，平民百姓根本不敢问津。清末国贫民穷，达官贵人搜刮民财致富，为其宠妾整容不惜一掷千金，这从另一方面使国人对西方整容术产生反感。时人抨击西方整容师的这次中国之行在北京达官贵人中引起轰动时说："噫！吾不解吾国人之金一何若此之多也，亦可谓无心肝之至者矣。"为此，当时北京流传着这样一则笑话：要求这位西方整容师不仅要为中国人整容，更应整修当权者的心肝。时人记载说:"近有欧妇以修整面目游京师,生意甚盛。或曰:'汝若能修整心肝,则生意必更佳。'女曰:'吾不受汝给,若如汝言,吾闭门矣。'或怪问故,女曰:'若是心肝好的人早不必修整了,若是已经坏的,他怎么肯来修整?'"

在清末,上流社会对美容已一掷千金,随着欧风美雨的浸染,它影响于中下层社会是迟早之事。

6 纸

纸是中国的四大发明之一,蔡伦造纸妇孺皆知。但我们今天所用的纸张,如书写纸、新闻纸,都不是中国古代发明的延续,而是外国改进后的纸的新品种。

公元3世纪,中国纸传到了两河流域,650年前后传至波斯,10世纪时阿拉伯国家已能利用植物纤维造纸。10~11世纪造纸术经埃及传入西西里岛,沿地中海传入欧洲各国。

欧洲工业革命后,造纸术突飞猛进。首先是在1750年出现了荷兰式打浆机,使纸张质地更为细密。1789年法国人发明了长网造纸机,传入英国后,纸的产量增长10余倍,而纸价却大跌。1844年,欧洲人利用木材为造纸新原料。以后又以亚硫酸等化学原料提高了木浆的质量,使纸张更光洁。这一系列技术,大大提高了纸张的质量和产量。

鸦片战争以后,外国纸张开始输入,而此时中国的造纸业依然处于手工业阶段。与外国的化学工业推动下的机器制成的纸张相比，中国传统的手工生产的纸就有两个最突出的缺点。第一，它不能双面印刷。中国的线装书都是单面印刷的，而近代新闻业和印刷业的发展，使中国传统方式生产的纸张无法适应这一需要，不得不弃国产纸而用外国纸。第二，它坚韧度不够。近代商业的发展，使包装纸的需求量猛增。过去商店包装物品用的是中国的毛边纸，自洋纸输入后，各企业商号都纷纷改用牛皮纸。所以清人刘锦藻说：中国人并非没有爱国心，洋纸物美价廉，不能不改用洋纸。

洋纸进口后，中国人的书写、印书、出报刊都改用了进口纸；传统的中国纸仍有一定的销路，主要是用于画画、写毛笔字，如著名的安徽宣纸；另一个广泛的用途是作纸箔焚化和纸煤点烟锅用。到 20 世纪初，随着科学知识的输入和破除迷信的宣传，敬鬼神之俗不再那么盛行，冥钱市场也渐缩小；加之纸烟流行，纸煤也不再需要，中国传统制纸业愈益衰落。

中国仿照西方方式生产纸张的历史，始于 1881 年。当时，一个名叫梅特兰的美国商人，从英国买了造纸机，在上海杨树浦办起了华章造纸厂，用破布等物做原料，每天产纸 2 吨。1882 年起，中国商人开始在上海、广州、佛山、南昌、重庆等地，办起了一批机器造纸厂。1907 年，著名的龙章造纸厂在上海建立，由富商庞元济等人投资 61 万元创办。造纸原料主要是破布和稻草，另有部分木浆，是从欧洲运来的，主要生产洋连史纸、毛边纸和牛皮纸。1925 年，另一家著名的造纸厂民丰造纸股份有限公司在浙江嘉兴创办，初创时名和丰造纸厂，后改此名。至 1927 年，全国共有民族资本造纸企业 57 家，基本上奠定了中国近代造纸工业的基础。

7　酒、饮料

酒是鸦片战争后最早输入中国的物品之一。1843 年海关对进口货确定税率时，专列酒类一项，共分三种，其中"大瓶洋酒"每百瓶征税 1 两，"小瓶洋酒"每百瓶征 0.50 两，"桶装洋酒"每担征 0.50 两。可见进口酒中有瓶装与散装、大瓶与小瓶的区别。

酒最初是供外国人用的，以后，与洋人打交道的中国官员和商人也开始用起了香槟、雪利和白兰地。但中国百姓仍习惯于传统的白酒和黄酒，外国酒在很长时间里没有打开市场。1888 年一份发自广州的外国商务报告写道："外国酒也开始流行了，虽然侨居的外国输入商告诉我，他引以为憾的是，当地顾客没有大量增加，因为本地商店所出售从香港运来的酒，一般不是足以刺激消费的货色；香槟每 12 夸尔值 18 先令，乃是一种稀有的酒，而每瓶 6 便士的混合蜜酒，则往往不适合消费者的口味。"

到 19 世纪 90 年代，情况发生很大变化。陈炽在《续富国策》一书中描述了中国人对外国酒的接受情况，大意为："开始时，中国人以为外国人饮用的东西，中国人决不会需要。哪知今天的华人，专取外国人的嗜好作为自己的消费。中国酿酒，用的是高粱等粮食作物；西方用的是苹果、葡萄等水果，酿出的酒称为香冰、红酒、白兰地、皮酒。华人初疑之，继而试之，终乃甘之，酒馆遍及通商口岸，每年进口酒价值不下千万两白银。"

如此巨额的洋酒消费和白银输出引起了人们的忧虑，1895年，张振勋投资100万元，创办张裕酿酒公司，仿制葡萄酒。张振勋是著名的华侨实业家，在南洋经商时，法国人请他喝葡萄酒，酒味甘醇，谈话中得知，山东烟台地区为葡萄种植佳地，如用烟台葡萄酿酒，不在法国葡萄酒之下。张振勋便在烟台地区购地开辟葡萄园，并开办了张裕酿酒公司。1904年，青岛啤酒厂也建立起来，其后，北京建立了五星啤酒厂。到1927年，全国共建立机器酿酒厂19家。

这些酒厂并不都是仿制外国酒的，对中国基层群众来说，他们饮用的主要还是中国酒。1907年时，社会风气已比较开化，在京师大学堂（今北京大学）任教的著名中国通、日本人服部宇之吉在他当年所撰的《北京志》中写道："酒类很多，但以烧酒和黄酒为主……外国酒中最多的为香槟酒、葡萄酒及麦酒。香槟酒被视为清国官员宴请外国人时必备之酒。葡萄酒和麦酒亦然。日本酒在中国人中尚未多用。普通清国人尚不欣赏外国酒……除与外国人交际之外，平时喜用外国酒者仍不多。"

各种洋饮料几乎是与洋酒同时输入中国的。19世纪50～60年代，为了减少运费，不少洋行开设了生产饮料的企业，如上海的埃凡馒头店、未士法、卑利远也荷兰水公司等。各种饮料中，最常见的是汽水与柠檬水。1876年葛元煦在《沪游杂记》中写道："（上海）夏令有荷兰水、柠檬水，系以机器溶水与气入瓶中，开时，其塞爆出，慎防弹中面目。随倒随饮，可解散暑气，体虚人不宜常饮。"各种生产饮料的企业中，比较著名的是1892年英国正广和洋行在上海西华法路开设的一家饮料厂，名"泌乐水厂"，专门生产汽水、蒸馏水、饮用矿泉水、苏打水、姜汁水、柠檬水，销路很好。

到20世纪初年，洋酒和饮料在发达地区已成为富人家宴请中必不可少的佐餐物，对它们的叫法也有了比较确定的名词。比如啤酒，刚传入时按照英文的译音，中国人称之为"别酒"，这种叫法也含有与中国的白酒不属于同一种类的"别一种酒"的含义，另外还有"皮酒"等叫法，20世纪初，已基本定型为"啤酒"。香槟酒初译为"香冰"，汽水初译为"荷兰水"，此时确定为香槟和汽水。

名牌酒和名牌饮料已开始在人们心中确立了自己的地位。啤酒中进口的站人牌和本国的青岛啤酒，是最受欢迎的。1906～1908年，青岛啤酒的批发价格为每箱48元，站人牌的批发价格为每箱13元，按当时的物价计，是十分昂贵的。1907年时，在天津，人们喝汽水，必喝水晶汽水公司的产品，以致别的厂家大量收购水晶汽水的空瓶假冒其产品出售。喝咖啡，愿去霖泰昌号，因为那里的咖啡"火头精细，现炒现磨，香味不走"。而买香槟酒，则必去恒丰泰号，因为该号出售的是"在法国久已驰名"的正宗货。

8 罐头

自有人类以来，如何保存食物就一直是个令人头疼的难题，直到 1809 年法国人阿培尔发明了罐头，才有了重大突破。

罐头发明的直接起因，是拿破仑的一笔 1.2 万法郎的赏金。19 世纪初年，拿破仑在欧洲中部作战，军队长途奔袭，所携带的食物发臭变质，导致战斗力下降。为解决这一问题，法国政府悬赏 1.2 万法郎，征集食物保存法。

阿培尔是个对食品制造感兴趣的人，点心制作和烹饪都很在行，见到赏悬的公告后便开始试验。当时人们对细菌学还了解不深，他从自己的食品制造经验中知道，食品充分加热，可以防止腐败。他把熟肉放入瓶中，加以密封，再把瓶子浸入沸水中，杀死瓶中残留的细菌。这个方法今天看来太过于简单，但当时没人想到。用这种方法，阿培尔制成了罐头，于 1809 年领取了法国政府的赏金，用这笔钱建立了一家罐头厂。

最初的罐头外壳的主要原料是锡，价格昂贵，1874 年罐头开始大量生产后，改用铁皮。罐头究竟能将食物保存多长时间而不变质？据说一个名叫塞布利尔的人曾做过一个试验，他于 1938 年打开了一个 1824 年制造的 1.8 公斤装的红烧马肉罐头，在 10 天内将马肉分喂给 12 只小白鼠，什么病也没得。历时 114 年而不变质，这大约是保质期最长的罐头了。

罐头的输入应始于鸦片战争以后，随着欧美外交、商业人员在华定居，罐头作为他们的日常消费品应该随之输入了。但海关 19 世纪 50～60 年代的主要进口货物税则中，未列罐头一项，表明进口数量稀少，不值得专为此立项。到 19 世纪 70 年代，中国的不少富人已开始品尝罐头食品。1878 年一份发自上海的英国商务报告中提到："沿海口岸的中国人，很多年来一直就很欣赏外国罐头火腿；自然，除了富人以外是买不起的。"

在所有的罐头食品中，最受中国人欢迎的是炼乳——浓缩后装入罐头的牛奶。1881 年，广州口岸进口炼乳 1.2 万打，因为"不但成年人用羹匙吃炼乳，富有的广东人还用它来哺育婴儿"。1883 年的台湾淡水，"罐头牛奶正在大量输入这个小地方"。1886 年的汕头，"炼乳似乎很快地在中国人中间流行起来，输入额几乎增加了一倍。1885 年是 1037 打，今年增至 2052 打；全部来自瑞士和美国，后者更贵一些"。到 1894 年，随着广州人对炼乳的喜欢，大量假冒名牌的炼乳罐头开始出现。当年，"在大街上可以看到许多商店出售外国食品，全是为供给中国人消费的……沙拉油和罐头牛乳，一起陈列在货架上。大部分牛乳是伪造的，罐头上贴的标签，模仿着美国鹰牌或其他牌号，甚为近似，借以欺骗中国人；但是仔细看一看，会发觉字母拼错了，还有其他不可掩饰的错误，中国婴儿是这种欺诈的受害者，现在许多婴儿是用奶瓶喂养的"。

最晚不超过 1906 年，中国有了自己的罐头食品工业。当年在上海开设了两家企业：泰康罐头食品公司和泰丰罐头厂。以后，杭州、苏州、厦门、福州、济南、烟台、北京、汕头等地陆续创办了罐头厂。到1924 年，全国已有罐头厂 18 家。

9 医药

1805 年，英国医生皮尔逊随船来华，把预防天花的牛痘疫苗和牛痘接种方法传入中国，这是最早对中国人健康产生重大影响的西药和西医技术。

以接种免疫法防治天花实际上起源于中国。

中国的天花始于东晋时期，一直没有很好的防治办法。到了 1567～1572 年间，中国人发明了以接种人痘预防天花的人工免疫法。16 世纪末 17 世纪初，这种免疫方法传到了中东，后传入欧洲。1796 年英国著名的医生琴纳把人痘接种法改为牛痘接种法，这一新的免疫法迅速传遍欧洲和全世界。

牛痘接种法首先在澳门、香港一带实行，后传入内地，到 19 世纪 70 年代，大部分省已设立"牛痘公局"，并订立详细章程，规定幼儿均须接种，不取分文。到 90 年代中期，除特别偏僻的地区外，全国各府、州、县都开始推行牛痘接种法。

但在执行过程中，并非所有幼儿都接种了牛痘。主要有两个原因：第一，接种牛痘是免费的，上级官

府拨款给地方后，地方官往往拿了钱不干事，1897 年
4 月 23 日《申报》揭露道："名为以钱给孩，实则局
中或独得，或分有，视他孩之父母强弱为权衡。"第
二，老百姓文化水平低，不了解种痘的意义，听信谣
传，不肯接种。所以，虽然清末牛痘接种机关已遍布
全国，接种幼孩的比例仍是个无法知晓的数字。

其他各种药品也源源输入中国，1860 年，仅美国
输入中国的医药用品就达 5 万美元。1894 年，仅宜昌
一个口岸，就进口西药 2500 英镑。

早期进口药品中，最受中国人欢迎的是给小孩吃
的打虫药，治疟疾的奎宁，眼药和治皮肤病的外用药。
1894 年，一份叙述西药在宜昌销售的报告反映出中国
人对西药的强烈需求：

> 本地人很欣赏西药，特别是奎宁，似乎是尽
> 人皆知的，但在内地仅有少数地方可以买到。香
> 港和上海的西药房，在一些大的城市中设有经理
> 人，但我听说他们配药的分量过大，不适合普通
> 人的需要。对于这些人，40 文（约 1 便士）的支
> 出，通常算是很多的了。我认为任何一个有进取
> 心的批发商店，都可以做出大生意来，只要他用
> 吸引人的方式，小分量地配售药剂，并在纸包上
> 用中文作出详尽而简洁的说明。杀虫药片除由负
> 贩在乡村中到处叫卖而外，差不多是在 18 行省的
> 所有城市的货摊上都陈列出售，那么为什么其他
> 药品就不会这样流行起来呢？携带奎宁的旅行商

人，不断受到中国人的包围，中国人把奎宁当作一切疾病的万灵丹：如果拿到市场上用廉价方式出售，譬如说每剂 1 便士至 1.5 便士，不论附不附以减轻疟疾高热的必要的泻盐，奎宁的需要量是会立即增加的。

还有许多其他简单的药物出现，诸如治疥癣的硫黄膏（中国人实际是不知道用它治该病的），治眼炎的硼酸（由于使用它眼病有半数可以避免），治肠病的散特宁，治金钱癣的碘，治疮毒的锌软膏，好的泻药丸以及治痢药品，这都是英国药方中最便宜的药品。我相信这些货品一旦适当地放到市场上去，就会迅速引起需要的，除了给首先树立起这些药品信誉的有进取心的外国人带来不小的利润外，其为千万人所提供的福利乃是不可估量的。但成功的条件则是配药分量要小，价钱要尽可能地便宜，每包必须附以对药剂的清晰的说明。

随着西药的输入，各种药房纷纷设立。以上海为例，1862 年（同治元年）前后，上海卖西药的药房不过老德记、屈臣氏等几家，当时主要是"储药料以供西人之需，而华人则不敢过问也"。不敢过问，指的是不了解西药，因此当时每家药房所卖之药，"不过数十种"。以后上海又开设了科发药房、中西大药房、中法大药房、华英大药房等著名药店，销售对象已经以华人为主。华人之所以能认识西药，接受西药，与药房的经营方式的改变有关。起初，这些药房从主人到店员全是西方人，华人来买药，言语不通，不得不由翻译转述药性，但翻译非医学出身，半天说不清楚某药有何用途。后来，雇用中国人当店员，传授医药知识，方便了买药人。此外，随着报刊的出现，药店大做广告，使中国的识字读报人知道什么药店有什么药，可以治什么病。再者，药房老板揣摩中国人的心理，将西药名称翻译成中国人能接受并产生信赖感的译名。例如，在中国流行了100多年的"十全大补丸"，初译"铁丸"，后来西方人发现中国人爱用"十"字，且讲究吃补药，遂改此名，"华人购而服之，颇有补益之效，不数年间，此等改名之药，风行于通商口岸，以渐及于内地，生意甚佳，几于不胫而走"。

中国的西药工业始于1866年德国人在上海设立的科发药房。这家药房前店后厂，自产自卖。直至清朝末年，上海、天津、广州等大城市的西药行业大多是这种前店后厂的形式，制药业并没有从销售中真正脱离出来。1912年后，上海等地开始有一些小型制药厂，但形不成规模。直到1922年，上海著名的五洲大药房出资12.5万两白银收购了德国商人的固本药皂厂，组建五洲第一制药厂后，中国民族制药工业才有了技术先进、设备完善的近代化制药企业。1925年，上海海普药厂设立，这是制造国产针剂的第一家企业。1926年，上海新亚化学制药公司创办，购买日本设备，生产灭菌蒸馏水，后生产各种片剂、软膏和注射针筒。到1946年，全国有制药厂200多家，药剂师952人，药剂生 4305 人。

西药能被接受，西医自然也不例外。

西方自从哈维发现血液循环以后，医学引入了生理学，外科学和治疗学都有了重大进展。中国传统的中医药学，经过从《黄帝内经》到《本草纲目》的发展，已形成自己的体系，并且是世界上最完善的古代医药学。西医学输入后，与中医学是两种不同的体系，遭到顽强抵制，但经过几十年的交锋，到 19 世纪末，西医在外科、产科、眼科方面的优势，已被许多亲身受过治疗的人所承认。影响所及，越来越多的中国人到西方人开设的医院去就诊。据 1895 年 12 月 3 日《申报》统计，1894 年在上海同仁医院就诊的中国男子达 16583 人。而广州的博济医局就诊者更数倍于此。博济医局是道光年间设立的，至 1897 年，有总医院 1 处，分院 5 处，培养了华人男医生 90 人，女医生 14 人。1896 年在总医院就诊者 32460 人，分医院就诊者 51302 人。所以，戊戌变法时期，《申报》已预言："再历数十年，西医当大行于中国矣。"而《湘报》则说："中国欲明医学……非兼习西医不可。"早在清末，西医已在中国站稳了脚跟。

二 市内交通工具

马车

在近代，作为重要市内交通工具的"西洋马车"
是从欧洲输入的。但中国有马车的历史至少已有 2000
多年，1956 年出土的一辆战国时期四马双轮马车就表
明了这一点。在古代中国，马车是被当做战车使用的，
对此史书不乏记载。但也不尽然。汉代各省举人进京
应试，可以乘坐官家的马车，故举人又被称为"公
车"，表明了马车也是交通工具的一种。事实上，直到
清朝末年，尽管"西洋马车"已大量输入，中国式的
马车仍在市内奔驰。

有比较确切记载的西洋马车的最早传入时间是清
朝的乾隆年间。1793 年（乾隆五十八年）英国使臣马
嘎尔尼来华，代表英皇赠送乾隆两辆极为华丽的四轮
双马车，但乾隆及以后清朝皇帝却未曾乘坐，一直陈
列在圆明园内。

鸦片战争以后，外国人在上海开辟租界，留居者
日众，马车成为他们日常生活的一种需要。据说上海

的第一辆马车是 1855 年输入的，最早是洋人用马车，很快，与他们交往密切的买办、富商和官僚也用起了马车。

生活于十里洋场的上海人，对任何新鲜的东西都抱着试一试的心理。到 19 世纪 70 年代，中国人已能自己制造马车，出现了马车出租业，以适应一般市民乘坐马车的需要，上海文人葛元煦撰于 1876 年的《沪游杂记》中记载道："西人马车有双轮、四轮者；有一马、两马者，其式随意构造，宜雨宜晴，各尽其妙。近来华人设租车厂，驰驱半日，价约洋银两饼。贾客倡家往往租坐游行，近则沿黄浦江、绕马路，远则至徐家汇、静安寺，然不及西人车坚马驯，往往失事。"

为方便马车行驶，上海租界当局从 19 世纪 50～60 年代之交开始修筑马路，这种以沙石铺设、平坦宽敞的道路之所以称为"马路"，即与马车的通行以及西方人喜欢在路上跑马有关。

马路是租界当局修的，租界是外国人在中国的"国中之国"，因此，清末租界有一条规矩：乘马车者如果是西方人，可以超过前面的马车；如是华人，则不得超车，不管前方马车的乘坐者是外国人还是中国人。这条规定在民国初年被取消。

与其他交通工具相比，马车的特殊性在于它的豪华。高档马车的车厢用红松制成，配有明亮的玻璃，绿呢的窗帘；车厢内有插绢的花瓶，白铜的痰盂，丝绒的坐垫。冬季用的是轿式马车，铺狐皮褥垫，备脚炉手炉，车外寒风凛冽，车内温暖如春。夏季改用敞篷马车，以便观光。西方人输入马车，除载人运货外，还用于城市公用事业，如洒水清洁街道，救人，运垃圾。而大多数乘坐马车的中国人，则把它当做一种娱乐的工具。马车传入30年后，此风更盛。1896年7月16日，《申报》发表社论，猛烈抨击这种风气说："沪上繁华，甲于各省……而马车飞驰，尤为乐意赏心之事。然西人之尚马车，原为办事迅速起见，非徒为游观计也。若华人之坐马车者，大率无事之人居多，故马车若专为游观而发。每见马路之中，往来驰骋，或邀朋而坐，或狎妓而游，大马路（今南京路）、四马路（今福州路）最为热闹之区，故马车尤为必经之地，每至夕阳西坠时，东冲西突……静安寺左近之愚园焉，张园焉，可以看花，可以饮酒，并可以打弹以消遣，著话以谈心，故有钱者，不惜所费。"

上海的有闲阶层太多，他们自备马车或租用马车，主要去处是公园、戏院、茶馆、酒楼和妓院。清末民初之际，"华人于每日午后，往往争备马车，驰骋静安寺路中，各行车马为之一罄。间有挟妓同车，必绕道福州路二三次，以耀人目，招摇过市，以此为荣"。上海富人又有一种风俗，夏夜乘马车到闹市区去纳凉，至凌晨方归，马蹄得得，车轮辚辚，市民不得安睡。1896年夏，租界当局曾为之禁止，规定乘马车夜行者，不得超过11点钟。

马车在其他城市，受道路限制，不如上海发达。例如汉口，直到1901年，仍只有少量马车，都是外国人的自备马车。当年秋季，在通济门新开了一家大戏院，为接送看戏者，才试办了一家车行，出租马车。

西洋马车传入后，中国自古传下来的马车并未废弃不用；相反，直到清朝末年，除风气开通的沿海沿江大城市外，许多内地城市的马车大部分是中国的马车，但构造与西洋马车有区别，而且不少地方，如北京，中国式的马车并不是用马来拉车，而是用力量更大且性格温和的骡子。许多史书的作者不明白这一点，一见史料中有马车二字，便认为是西方传入的马车。日本的中国通服部宇之吉 1907 年时专门描写过北京街头的中国式马车。他写道：

> 供乘坐的中国马车，若说与日本古代贵族王侯所乘之牛车相似，则可想像其大概。其大概形状为二轮车，恰似日本一般拉货车上载有比贵族牛车低且窄的木箱一个。箱前开口，左右及后面遮盖，人从前面上车。四方各有一柱，左右及柱与柱之间嵌有木制窗棂，顶部稍圆盖有网状物。左右及后面皆用布遮盖，只左右两边各开一小窗，嵌有玻璃或纱，以便观望车外。前面开门处悬有帘子。车内坐人处铺二张坐垫，人跪坐其上。坐垫下铺木板。但大官所乘车的车板用藤编成，稍有弹性，坐上去舒适。车完全不用弹簧，箱状物前方约三尺处另铺坐垫，供车中人伸肢放在上面，或便于坐在上面。但妇女通常盘腿坐在车内，故不向车外伸脚。虽名之为马车，但必用骡拉车，而不用马。车身，即人坐之处高约距地面三尺以

上，故乘车时通常使用约一尺高的脚凳。此脚凳
放在坐垫下面。

普通人或官位较低之官员乘坐的马车，除车
辕、车轮外，露在外面的木材均涂以黄漆，车箱
包以蓝布。京堂以上官员所乘之车，车箱下部裹
蓝布，蓝布再包以红布，故称此种车为红托泥布
车。车辕、车轮均涂以发黑之红漆。车箱稍宽，
故车身亦稍大，车轮周围的铁轮作成齿轮状。只
限皇族中称八公之特殊身份者，所乘之车，车轮、
车辕均涂成朱色。京官以官员所乘的车，车箱右
侧设一个门，开此门上下车。恰似洋式马车，此
系以著述四库全书总目录而著称的纪晓岚（名昀）
所发明，出自考虑老人上下方便。缰、鞍皆因车
而异，即红泥车之鞍与乘马之鞍相似，故此车称
大鞍车。普通车的鞍极小。皇族马车的缰绳用紫
色，称之为紫缰。身份高的满蒙汉旗人妇女，使
用驭者二或三人，手扶车之左右辕，与车同跑。
每当妇人上下车时，均卸下骡子，使车辕着地，
便于车上妇人安稳上下。故此车身颠簸厉害，需
要驭者多人。大官之车，在礼节上驭者一般不坐
车上，而在地上与车共跑。

中国马车较重，又无弹簧，故疾驰于凸凹不
平之路上时，车身颠簸厉害，车上不免苦不可耐，
尤其外国人及来自清国南部的妇女，感到最苦。
外国人有一发明，改造车箱之坐席，使之能坐，
且在相当于腰部装上弹簧，在过去北京道路不平

的年代，此种牢固的马车最为安全，但近年来道路得到修整，大部分已成坦途，故马车将会逐渐改善。

按照这位 20 世纪初一直在北京生活的日本人的观察，西式马车 1900 年后才出现在北京，1907 年时已与中国马车并相流行。他写道：

> 庚子事件前，北京无一人乘坐洋式马车，事件后有二三乘此车者，但人皆嘲笑之。今日，大官或富豪，乘此车者剧增，出租洋式马车的店铺现有三家。道路改修推动了洋式马车之流行。

马车是最早传入也是最早消失的交通工具，除了它价格昂贵主要供有钱人使用外，还由于它与新式交通工具电车、汽车相比，速度慢，与自行车、人力车相比，则占地面积太大。所以其他各种交通工具日增月长，而马车则日渐萎缩。1905 年上海有自备和公共马车 1595 辆，10 年后的 1915 年减至 1053 辆，1930 年仅剩 272 辆。20 世纪 30 年代以后，由于城市的发展，人口的稠密，交通的拥挤，马车便逐渐销声匿迹了。

② 人力车

在自行车普及之前，人力车是中国各城市最主要的市内交通工具。马车虽然早于人力车传入，但价格昂贵，基本上是富人阶层的专有物。

人力车的发明者有三种说法：一说是居住在日本的一名美国牧师，一说是英国驻横滨领事馆的牧师佩里，第三说是日本人铃木清次郎于1870年发明。不管哪种说法正确，它产生于日本则是肯定的，所以传入中国时称为"东洋车"。

以上三种说法中，又以第三说比较普遍。1897年10月6日，中国报刊《益闻录》因人力车在各城市渐渐流行，追溯它的发明史时说：上海的东洋车是从日本传来的，1870年日本人某氏别出心裁，制成此车三辆，拿到市场上去卖，无人问津，怏怏而归。其妻问明原因，说无妨，你拉着我到大街小巷去跑一圈，不怕人不识货。发明者依计而行，很快三车售出。人力车在日本流传开了。

有意思的是，日本人发明了人力车，但将此车传入中国的却是西方人。传入的时间是1873年底至1874年初。

1873年6月，法国人米拉向上海法租界当局提出举办人力车业务的要求，申请专利10年。在此之前，上海普通市民主要乘坐的交通工具是独轮车。独轮车俗称小车，也称羊角车、鹿车，因车扶手上翘，形似羊角和鹿角之故。上海的独轮车夫主要是江北人，故又称江北小车。独轮车容易翻倒，坐着也不舒服。与独轮车相比，人力车具有精美、舒适、快捷的特点，有利于改善上海租界的交通情况，法国租界当局同意米拉备车300辆，每辆车每月纳税银2钱。1873年8

月 18 日，上海《申报》发一消息，大意为：上海的西方人准备成立一家东洋车公司，出资 2 万两，赴日本购买东洋车 9000 辆，租给上海的中国车夫，每月收银 2 元。这条消息中所称的西方人不知是否米拉，但至少可知，确有西方人准备在上海大力推广人力车了。

1874 年 1 月 29 日，《申报》又就人力车发消息说："二轮小车，近上海新创设之举也，租界通衢已见，斯新式装饰华丽，乘坐舒服，想实适于时需也。"表明人力车已在上海的主要街道上开始出现。同年 7 月，上海的人力车已有 1000 余辆，发展是很快的。

人力车与独轮车不同，车夫在前拉，而不是在后推，手腕的力量和用法很讲究，故又称"腕车"。传入当年，上海人已开始仿制，以后很少再进口。初期的人力车是木轮，后包以铁皮，到 20 世纪初年，上海已有人力车约 9000 辆，1910～1911 年间，上海出现了黄包车，是对早期人力车的一种改进，主要是木轮外包实心橡皮，车行更稳，少震动，车身漆成黄色，后又改为胶皮充气轮，讲究的黄包车座下安有弹簧，车把用黄铜包上，上挂铜铃油灯，行进中"弓子软得颤悠悠"。到 1931 年，上海已有黄包车 24300 辆。

天津输入人力车的时间比上海晚了 10 多年，传入者不是外国人，而是专办洋务事业的盛宣怀。大名鼎鼎的洋务官僚盛宣怀怎么会传入人力车？戴愚庵的《沽水旧闻》中详载其事：

今之人力车，触目皆是。当先光绪十五年时，津人尚无知之者。十六年,盛宣怀以善办洋务,特署津海关道,由上海携来车一辆,以人挽之而行,每出必乘,津人以为奇异。询之车夫,据称车名"东洋"。旋由某木匠,仿造十辆,以作自本地,命名为"太平车"。首先购乘者仅二人,一先伯绍棠公,一表兄丁伯王。以偌大津门,乘人力车者和官民仅三人。车轮之皮为铁质,行时触地作声,非如今日胶皮之轻稳。盛之车朴素无华,惟民间二乘,则藻饰华丽。车垫、车尾、车里等,均以摹本缎为之。足踏处,实以德意志国运到之花油布。丁之车垫心,且为俄罗斯国运到之汽垫,车把上端,各悬一灯,车臂左右,各悬一表,一布掸,车后则嵌一玻璃镜。每行街上,游人驻足一观。年高有德之士,以妖叹之,足见彼时津人之德之俭也。

天津是北方最大的通商口岸城市,风气也最开通,但输入人力车的时间竟比上海晚了 10 多年,原因在于城市道路状况。人力车只适用平坦的马路,而马路当时只有租界才有。早开租界的城市早修马路,租界地盘大的城市马路范围也大,中国各城市的旧道路,多为坑洼不平的土路,一遇雨天,泥泞难行,所以中国各城市的人力车的流行,基本上是与现代化道路的修筑同步的。

江苏省城江宁(今南京),本有人力车,因道路不平,发展受到局限。1896 年开始修筑马路后,几月之间，人力车一举增设 100 余辆。

北京是首都，直到 1896 年全城无一辆人力车。1897 年京津铁路通车后，因天津到北京的终点站在马家堡，旅客进城不便，官方决定修一条路通人力车，至此，北京才有人力车，但不在城内。1897 年 8 月 10 日《申报》记其经过道："京师古称辇毂之下，然如今东洋车则绝不见轨辙之至，以道路不平，车行不合也。近以京津铁路告成，由马家堡至永定门，无东洋车载客运货，未免不便。现闻地方官在马家堡至永定门内天桥一带修理道路，均用碎石碾筑坚固，俾东洋车得以遄行无阻，从此如砥如矢。"

1898 年，华中最大城市武汉，"自开筑马路以来，东洋车日增月盛，辙迹纵横，不下三百辆左右"。因道路平坦，"东洋车辙迹行来，驱驰利便"。但马路仅限于租界，人力车按当时的城市交通规定，不能越出租界范围。1902 年，汉口人力车夫欲到租界外揽生意，而街道狭窄，车与车，车与人常发生碰撞，被巡警所禁止。这种情况，在清末马路未通达时各城市也时有发生。

在上海开港之前，镇江一直是东南地区最大的商埠，但市内街道极窄，交通不便。1901 年筑成风神庙至金鸡岭马路后，当即有朝阳茶馆主人杨魁创办人力车，先购 20 辆试行，生意不错，人力车很快在镇江流行起来。

安徽芜湖过去曾有外国人推行人力车，由于路窄人挤，不久自生自灭。1902 年修筑马路后，1903 年 4

月开始畅行人力车。

山东省城济南，直到 1903 年 3 月才出现第一辆人力车，是省工艺局制造的。"市人以为罕见"，纷纷乘坐。因当地无马路，无法推广。《大公报》记其事云："近来四五日间，乘此车者不少，将车碰坏者，将人摔下者，层见叠出。缘省内大小街巷，均系石路，多年失修，坑坎甚多；而拉车者又不得法，以致常有倾跌。将来非将路修好，不能畅行。"

在清末的天津和上海，电车和人力车是与市民关系最密切的两种市内交通工具。电车由外国公司经营，有明确的价格表，而人力车的管理长期处于无政府状态，车夫欺生，对外地乘客漫天要价，负责城市治安、交通、卫生诸事业的巡警厅对人力车撒手不管，舆论界对此极其不满。1905 年，《大公报》发文《敬告巡警局天津人力车急当整顿》，指陈这一弊病："（车夫）看见外方来客，不知路径的，下了火车，所去的地方不过一二里，他就讹索五六角之多，叫人怨骂天津的人怎么这样凶恶。"文章要求："第一要紧的，先要按公平，由官中定一个车价表。凡是车站及要路口，标明由何处到何处，车价若干；若论时刻的，每点钟定准车价若干；如有讹索外方过客的，准过客告明巡警，立刻将车夫扭局罚办。这并不是一件无关紧要的事，这与国家政治的美恶，人民风俗的诚实虚诈，大有关系……这样看来，这件事也是官长的责任，该当整顿的。"

喊了三年，巡警局就是不理。到 1908 年，报刊上有关制止人力车乱收费的呼吁已是连篇累牍，其中《大公报》所登的一篇读者来函写道："最可恨一样事情，就是天津在车站上的东洋车，专以讹诈生人为能。从前有一个乡下人，由车站坐到法国租界地方，拉车的他，硬先要了三块大洋钱，像这样的事情，每天不少。众位想想，由北京坐三等火车到天津，才用一块八角；由车站到租界，反倒用三块。"

当年的报刊，是把这个问题提到道德、荣誉、法制的高度来认识的。上述读者来函就警察不管人力车乱收费问题论道："一国的文明，最高的是人人有道德心，其次是人人有名誉心，再其次是人人有法律心。这道德心是爱人如己，推己及人，公德充满，社会怎么会不安和呢？有名誉心是遇事要好，不敢落人的笑骂，凡事不敢亏理。有法律心是做错了事恐怕受罚，故此外面绝不敢背礼越分。如今我们中国，讲道德名誉两样，就是上等社会还差的远呢，何况下等社会呢？然而要保社会的和平，人群的秩序，非有法律不可。法律所关系的，都是大端的事；那细小小各节，就在警章了。"

然而直至清亡，各地巡警厅也没产生个像样的治理办法来。

人力车在中国流行了80年左右，到20世纪60年代才完成了它的使命，退出了历史舞台。但在它的发源地日本，至今仍可觅见它的踪影。如著名的风景区岚山公园，简朴而别具风味的人力车作为一种特殊的游览工具仍被使用着。

𝟑 自行车

　　自行车的发明距今已 200 余年了。1790 年法国伯爵西夫拉克首先发明自行车。这是一种用两个木轮直线排列的最简单的自行车，没有链条，人坐车上，以两脚蹬地向前行驶，虽然与今天的自行车大相异趣，但比走路毕竟省力。1839 年和 1853 年，英国人麦克尔和德国人费歇分别发明了自行车踏板。踏板由金属制成，装在前轮上，骑车人可以靠蹬踏板驱动车子，运行速度大大提高，体力也节省多了。但这时的车身还是木结构的。1869 年英国人谢尔查发明了链条和中轴，1871 年空心钢管开始取代木头构成车架，1880 年滚珠轴承被应用到自行车上。在这一系列发明的基础上，1885 年英国人斯塔利创造了全套自行车链条传动装置，把脚踏子的运动用链条从前轮移至后轮，并设计了使车座、脚踏子、车把、前后轮的回转轴相互构成三角状的结构，使自行车的运动合乎结构力学的原理，造成了自行车的革命，至今为止自行车基本沿用这种结构。1889 年苏格兰人杰罗巴又发明了充气空心轮胎，使骑自行车的人更省力。

　　1868 年，上海街头出现了自行车。据当年 11 月 17 日的《上海新报》报道，当时上海的自行车不多，仅有几辆，形式有两种。一种是人坐车上，用两脚点地而行。另一种靠蹬踏而行，"转动如飞"。由此可见，当时上海的自行车既有原始的靠脚尖点地而行的自行车，也有 1839 年或 1853 年装配了踏脚板的自行车。

上海侨居着众多的外国人，风气开化的上海人对外国的新器物也很感兴趣。因此，1868 年以后，自行车不断传入上海，成为街头新奇一景。但当时自行车尚处于试制阶段，需不断改进，故传入者大多自生自灭，难以像其他交通工具那样流行起来。1876 年，葛元煦在《沪游杂记》中描写上海街头自行车说：车子有前后两个轮子，中间是车座，前轮的两旁各有一个踏蹬，还有铁链，前轮上方有横木作为扶手。人骑车上，两脚踏蹬子，运转如飞。两手握横木，使两臂撑起。速度快如马车。但是，骑车者非练习两到三个月才能熟练。近来已不多见。1883 年黄式权在《淞南梦影录》中写道："从前上海有脚踏车，虽然行走如飞，但草软沙平尚有翻车之虞，一遇砖石瓦砾，便无法行走。因其不便，近已不见。"

这些记载反映出，自行车虽然很早就传入中国，但长时间不能流行，主要有两个原因。首先，自行车本身性能不佳，骑车人不经过长时间的练习不能掌握骑行技能，骑行中也容易摔倒。其次，作为交通工具的车辆未与道路相配套，中国的道路坑坑洼洼，自行车轮子比马车小得多，难以适应；在宽畅平坦的马路普及之前，自行车在中国（即使是上海这样的大都市）也难以流行。

到了 19 世纪与 20 世纪之交，随着通商口岸的增辟、自行车自身的改进，自行车在中国开始流行起来。

自行车最集中的城市是上海，当时有几百辆。据 1898 年 1 月 28 日的《申报》报道："泰西（即欧洲）向有脚踏车之制，迩日此风盛行于沪上，华人能御者亦日见其多，轻灵便捷，其行若飞。"这里提到的是近期上海开始盛行自行车，而且不仅寓沪西方人，华人也开始有骑自行车的了。同年 4 月 1 日的《申报》又说："每日黄浦滩一带，此往彼来，有如梭织，得心应手，驰骤自就。"这说明在 1898 年时，外滩马路上自行车已经往来如织，而且自行车经改进后，骑车人已能驾驭自如了。

除上海外，其他城市也于 19 世纪末出现了自行车。1897 年，北京的一名法国医生去宣武医院时，"坐脚踏车展轮而行"。同年 9 月，烟台一名西方人骑自行车穿城而过，引得"睹者咸为称赞不置"。除京师和通商口岸外，一些风气闭塞的内地城市也引进了自行车。1899 年一则有关江西的报道说："近日上海盛行脚踏车，江省初无所见。昨天某少年乘坐双钢轮脚踏车，由进贤门至贡院前一带驰骋往来，迅捷如飞。士人见所未见，无不讶为奇制。惟道途凸凹，不能任意驰驱。"

自行车由于轻灵便捷而受到中国人的欢迎，但道路条件则限制了它的发展。1899 年，苏州官府因骑车人日益增多，而道路狭窄，容易造成交通事故，禁止中国普通百姓在城内骑自行车。被允许骑车者为三种人："西人、教士、教民"，其余"一概不准乘坐"。由于种种限制，到 1904 年春，成都市内仅有 7 辆自行车，其中 3 辆车的车主为外国人，1 辆为邮政局送信用，其余 3 辆的使用者为普通中国人。

19 世纪末自行车在上海及其他城市的兴起，除了车辆自身的改进、某些城市道路开始改善等原因外，还由于 3 名英国人骑车环游地球，途经中国长江流域大都市，激起了中国人对试骑自行车的莫大兴趣。据当时上海《时务报》、《申报》的连续报道，这次环游地球的壮举从 1896 年 7 月 20 日开始，由伦敦出发，从印度入中国，历经汉口、芜湖、苏州等城市，1897 年 12 月 22 日抵达上海，历时 520 余日，行程 14332 公里。骑行者一路上风餐露宿，将沿途见闻随时记录下来，投往各大报馆，借助稿费支付旅游所需。在中国，他们每到一个城市，都有大批中国人前往看稀奇。抵上海时，寓沪外国人骑车几百辆蜂拥出城迎接，华人观者如潮。这一切，客观上为自行车作了最好的宣传。次年 4 月 1 日，鉴于上海人骑车骤增，《申报》特发社论，预言：自行车必将大兴于中国。

随着自行车的逐渐普及，自行车修理和销售业务也在一些城市中开展起来。最初并没有固定的自行车修理和销售点，而由一些近似的行业代理。例如，1898 年 4 月，上海史维记钟表铺在《申报》上刊登广告，声明该铺除修理钟表外，还修理自行车。6 月，该铺又声明，除修理自行车外，还代销自行车。这两则广告中所登载的两张自行车的图片，是中国报刊上较早出现的销售自行车的广告。图片显示，当时传入中国的自行车，与 100 年后的今天街头所见者，已没有太大的区别。

最晚不迟于 1901 年，销售自行车已成为一些洋行的重要业务。1901 年 4 月 23 日，上海踏飞洋行在《申报》刊登的一则广告称："本行专办各种脚踏车，出售外洋头等机厂制造一种飞轮脚踏车，其速较快。本行不惜重资，远运而来……为特布启。"这家洋行是否自行车专卖行不能断定，但它自称"专办各种脚踏车"，洋行名称为"踏飞"，可以想见，销售自行车为其重要业务。1902 年，天津的鸿顺洋行也宣布："专售英美各国男女自行车，各样飞车，时式无链快车。车灯、车铃以及车上应用之件，一概俱全。"这表明，当时国外最新制造的各种自行车，包括女车在内，都迅速通过洋行传入了中国。鸿顺洋行销售广告的附图，便是一辆女车。车上有铃，有闸，还有车灯，车链已是全包式。1903 年，天津某商行一次进货德国制造的新式女车 10 辆，每辆售价银元 60 两（当时银钱比价为1∶1.4，约合 84 元）。

自行车初入中国之际（至少从 1901 年销售自行车成为一些洋行重要业务起，到 1907 年），自行车的价格一直在 80 元上下浮动，以当时价格计，是一种十分昂贵的消费品。为此，一些洋行采取了分期付款的促销手段。1907 年，日本商人在天津开设的加藤洋行一举进货英国宝星牌自行车 50 辆，为迅速售出，允许购车人分 3 个月付款。第一、二两个月各付款 30 元，第三个月付 20 元，总计 80 元。如一次性付款，优惠价75 元。这种宝星牌自行车，"装置飞轮、明闸、链子包"，已相当先进。另外，当时中国市场上的许多自行车都配有车灯，今已不见。

自行车售价昂贵，中国百姓很难承受，而愿骑者甚多，所以民国时期出现了许多专门租赁自行车的车行。在上海，平均每条马路有一两家这样的车行。因车价贵，租费也同样很贵：头等新车每小时租费 0.30 元，全天 2 元；次等车每小时 0.20 元，全天 1.50 元，旧车每小时 0.10 元，全天 0.80 元。这种租车业务直至 20 世纪 60 年代在各城市中仍不罕见，70 年代后期随着生活水平的提高和自行车购买力的增强才自然消失。

自行车刚刚传入时，人们因它借助于双脚蹬踏驱动行驶，形象地称之为"脚踏车"，偶尔也使用过"自行车"一词。例如，1896 年出版的《时务报》第 5 册在报道 3 名英国人骑自行车环游地球时，使用的就是"自行车"一词。但当时"自行车"一词远远不及"脚踏车"普及。在清末，中国南方特别是上海地区的报刊较多使用"脚踏车"一词。1902 年天津《大公报》创刊时，受南方的影响，也曾使用"脚踏车"一词，但从 1904 年 1 月起，该报已基本上以"自行车"取代"脚踏车"。《大公报》是舆论传媒中最早使"自行车"成为固定名词的报纸，使"自行车"一词在书面和正式用语中，一直沿用至今。不过在民间习语上，还长期称之为"脚踏车"或"单车"。

自行车在中国发展很快，特别是 20 世纪 20 年代以后。1928 年，南京市有自行车 590 辆，1936 年增至 8944 辆。上海发展更快，是中国的自行车王国。1925

年上海公共租界有自行车 9800 辆，8 年后增至 29500
辆。新中国成立前夕的 1948 年，上海全市拥有自行车
23 万辆。发展到如今，已几乎是城市人手一辆，农村
户有一辆了。作为一种以人力驱动的简便交通工具，
100 多年来自行车与中国人的日常生活结下了不解之
缘，至今仍无其他交通工具可以取代它在寻常百姓家
庭中的地位。

4 汽车

世界上最早的汽车是用蒸汽机作动力的，故称之
为"汽车"。内燃机发明以后，汽车开始使用汽油机和
柴油机。

1769 年，法国人尼古拉·约瑟夫·古诺制造了一
辆三轮蒸汽车，这是世界上的第一辆汽车，这辆车在
驾驶过程中，撞到墙上，破碎了。

1885 年，德国人戴姆拉和英国人巴特勒同时宣布，
他们发明了内燃机汽车。根据这一原理，1886 年德国
人卡尔·本茨制造了第一部用汽油机驱动的三轮轿车，
现代意义上的汽车产生了。

汽车虽然产生在欧洲，但汽车王国却从一开始就
出现在美国。1889 年，本茨的发明在《科学美国人》
上刊载；受其启发，美国人查尔斯·杜里埃于 1895 年
在奔驰牌汽车的基础上，制造了第一部美国的轿车，
不同之处在于，它有 4 个轮子。1896 年杜里埃在其兄
弟弗兰克·杜里埃的帮助下，生产了美国历史上的第

一批汽车，共 13 辆，全部售出。1900 年，芝加哥举办了首届美国汽车展。参展的美国和欧洲汽车有 40 种品牌，300 余辆，价格从 280 美元至 4000 美元不等。

汽车最早传入中国是在 1901 年。当年，匈牙利人李恩时带进两辆，但没有产生什么影响。1902 年侨居上海的外国人柏医生又输入一辆，并在上海街头行驶，引起市民的惊奇，此后汽车开始在上海流行，其他各城市也相继出现。

1907 年，世界早期汽车赛中的壮举——北京至巴黎的超长距离汽车拉力赛举行，引起中国人的极大兴趣，中国报刊作了追踪报道。拉力赛于当年 6 月 10 日从北京的德胜门出发，参赛的不仅有现代 4 个轮子的汽车，而且有早期的 3 个轮子的汽车。

这次以北京为起点，连接东西方两大古都的汽车赛，对中国人的影响是双重的。一方面，他们亲眼目睹并体会到了现代汽车的功效；另一方面，由于帝国主义的侵略野心，使人们不得不猜测外国人搞这种汽车拉力赛，经过中国的国土，是否含有考察中国山川形势的目的。为此，1908 年 1 月 23 日，察哈尔都统诚勋奏请设立蒙古汽车公司，先开办库伦至张家口一线，取得成效后再行扩充，以着先鞭，杜外国人觊觎。同年春，商人吴远献上呈京师内城巡警总厅，请求在北京开办汽车公司，以便利市内交通。这两家汽车公司或限于财力，或遭批驳，都未取得实效，但表明了中国人对汽车这种现代交通工具的浓厚兴趣。

世界的汽车王国是美国，中国的汽车中心是上海，从晚清到民国，上海一直是拥有汽车最多的城市。

上海 1902 年市内行驶汽车共 8 辆，至 1911 年最少已有 300 辆。据 1911 年 7 月 9 日《时报》报道，前不久一辆汽车在北苏州路撞毁，车子牌照是 367 号。1912 年，全市汽车已增至 1400 辆，15 年后的 1927 年为 12695 辆，1936 年又翻了一番，达 24572 辆。

到 20 年代，也就是汽车传入上海 20 多年后，上海开始出现公共汽车，较早开通的是从外滩经爱多亚路到静安寺的第 9 路公共汽车，1924 年 10 月 9 日开始运行。运行时间为早 7：30～夜 11：00，每隔 5～8 分钟发车一辆。座位不分等级，但票价很贵。一站 5 分钱，全程 5 站，收费 2 角。车上共设 29 个座位，坐满后不许站人。公共汽车发展很快，10 年后，上海公共租界内已有 12 条路线、5 条专线，参加营运的车辆有 164 辆。1927 年，法租界也开设了两路公共汽车：21 路自外洋泾桥至打浦桥，22 路自外洋泾桥至徐家汇。1928 年，华界也有了公共汽车，至 1934 年共有 5 条线路。

双层公共汽车于 1934 年出现于上海滩。当年 1 月 5 日夜试运行，4 月 1 日正式投入使用。但不久因车身庞大，行驶不便，碾死 3 人，引起舆论反对，被取消。

与公共汽车同时或更早，上海出现了出租汽车。出租汽车按两种形式收费：以用车时间计，以行车里程计，包车。1925 年前后，以时间计的出租车又细分为三种：载二三人的小号车每小时收费 3 元，载四五人的中号车每小时 4 元，载七人的大号车每小时 5 元。

除车费外，按惯例还要付给司机名曰"酒钱"的小费，一般 0.4～0.6 元。

30 年代的上海是远东著名的国际大都市，上海滩上奔驰着各国形形色色的汽车，有英国的福森汽车，日本的三菱汽车，法国的雷诺汽车，以及意大利、奥地利、比利时的汽车，最多的是美国的道奇汽车和福特汽车。经营汽车的公司多达 40 余家。其中中国汽车公司经销道奇汽车，马迪汽车公司经销顺风汽车，信通汽车公司经销雪佛兰汽车，美通汽车公司经销福特汽车。除小轿车和公共汽车外，上海马路上奔驰的还有各种货车、工程车、救护车、救火车等。各种汽车，都是外国制造，上海成了万国汽车博览会。

受进口汽车的刺激，中国自己的汽车工业也发展起来。

1928 年，上海一些企业家与美国福特汽车公司联合创办了上海汽车公司，开始装配汽车。1931 年，沈阳民生工厂创成了民生牌载重汽车。这种汽车自重 2 吨，载重 1.8 吨，功率 65 马力，最高时速 64 公里，其中发动机、轮胎等部件委托外国生产，其余零件和整车结构是中国自己设计和制造的。以后，清华大学机械工程系、山西汽车修理厂也都组装过汽车。

1936 年 12 月，由中国农民银行投资的中国汽车制造公司成立。它与德国奔驰汽车厂达成协议，两年内在中国组装奔驰牌 2.5 吨汽车 2000 辆，图纸、主要设备由奔驰厂提供，零部件由中国逐步自制。1937 年，该公司在上海建立了汽车装配厂，开始组装；同时从德国进口设备，在湖南株洲筹办汽车装备总厂。抗日战争爆发后，因德国不再提供设备，公司停产。

截至 1936 年，全国登记在册的汽车共有 62001 辆，这是 1949 年前的最高数额。这个数字包括公车、私车、客车、货车在内，不包括军用车。以后，由于战争，车辆遭破坏情况严重，1945 年仅有 38199 辆，直至 1949 年未再恢复至 6 万辆的水平。

5 电车

19 世纪 60 年代末，由西门子和惠斯通发明的自馈式发电机，为人类利用电力能源开辟了广阔的前景，到 70 年代末，无论是发电机还是电动机，工艺水平都有了很大的提高，从而引起了运输业的再次革命。1879 年第一台电力机车在德国问世，同时建起了第一条电力铁路，铁路运输的电气化时代开始了。

电气铁路应用于解决城市交通问题，便是有轨电车的出现。1881 年，在电力机车发明两年后，柏林街头出现了世界上第一条有轨电车线路。当时的有轨电车的动力与今不同，不是用电力天线供电，而是以电动机作引擎，共有三条轨道，车轮在第一、第三条轨道上行驶，中间的轨道供电。以后，由于输电技术和电动机本身的进步，有轨电车演变为无轨电车。

有轨电车发明后，相继出现于欧美各大城市中。中国引进有轨电车是 1899 年，地点在北京。但不在城内，而在城郊。

　　1899 年北京城南马家铺（也称马家堡）至永定门的电车轨道筑成并通车，这是电车在中国的首次运行。不少论著都认为电车首次出现的城市是天津或上海，这种说法是错误的。

　　北京电车的创议始于 1898 年，当时正是戊戌变法高潮时期，社会风气比较开放，这是北京电车能够顺利开通的重要社会原因。当时提出在北京兴办电车的有两家外国公司，一为德国，一为意大利。德国在华的影响力远比意大利大，而且所提议的通车线路是在北京城外，不涉及城内的道路改造，也不影响城内的旧交通秩序，意大利的通车线路则包括城区在内；顺天府尹和总理衙门担心城内通电车会引起种种麻烦，批准了德国的申请，驳回了意大利。

　　无论世界何国，电车从其创始直到目前，都主要是一种市区公共交通工具，用来解决市内交通问题。北京的电车为什么修在城郊？

　　1897 年，天津至北京的津京铁路通车。清政府出于迷信观念和种种顾忌，坚持不让火车通至京师城内，所以津京铁路的终点站实际上是距北京城 10 公里处的马家铺。旅客在马家铺下车后，没有任何现代化的交通工具可以抵达城内。作为权宜之计，清政府修建了一条从卢沟桥至前门的道路，以便通行东洋车。旅客在马家铺下火车后，乘东洋车抵城。东洋车是一种短距离人力交通工具，10 公里的抵城距离，根本不是东洋车所能胜任的；特别是夜班火车抵达后，东洋车寥寥无几，大批旅客滞留马家铺，无法进城，怨气冲天。

小民只能发发牢骚，外国人则不然。某次，一外国使臣的眷属从津抵京，因天时过晚，坐人力车抵永定门时，城门已闭，不得不在城外留宿。第二天，这个外国使臣便找总理衙门交涉，要求改善津京铁路终点站至北京的交通状况，其他外国人也群起呼应，遂有京郊电车轨道修筑之议。

马家铺至永定门的电车轨道从 1898 年底开始动工，1899 年 4 月初竣工并开始运行，每日有两辆车投入运行。这条轨线全长 9.4 公里，造价 60 万两，平均每公里约 6 万两。当时火车轨道在平原地带的造价为每公里 2.8 万两，这条电车轨道的造价相当于火车轨线的两倍。

京郊电车运行了两年，1901 年义和团进入北京后，电车轨道被拆毁，电车停运。

5 年后，电车在天津出现，首次通车时间是 1906 年 2 月 16 日。与北京不同，天津的电车在市内运行，真正体现了它的城市交通工具的功能。

天津创办电车的动议始于 1900 年春，由日商三井洋行提出，同年 6 月，义和团大批进入天津，此议作罢。1905 年，天津另一家洋行世昌洋行再次提出创办电车。经多方活动，经直隶总督袁世凯批准，世昌洋行取得承办权。其后，该洋行委托海丰公司出面，组织天津电灯车路公司，筹资 25 万英镑，独家承办天津电车和电灯业务，为期 50 年。当时，正值反美华工续约和收回铁路主权两大运动风起云涌，天津各行业纷纷反对外国人承揽天津电车、电灯业务。但人们也意识到，电车代表着文明进步，外国人承办市内电车，危害性与承筑铁路有所区别，所以反对行动并不十分激烈。

1906 年 2 月初，电车轨道顺利筑成，并试运行。车上挂着"由闸口至大关"的车牌，开车的司机都是经过培训的中国人。16 日，电车正式营运，运行线路基本上是环绕天津旧县城一周。初期投入运行的车辆为 25 辆，每辆拖带 4 至 5 节车厢。座位分头等、二等两种，头等车厢票价全程铜元 4 枚，半程铜元 2 枚，二等车厢减半。从起点至终点，运行时间为 45 分钟。

电车的运行给天津市民带来一种全新的现代交通感受。电车正式营业的当天，"搭客甚多，道傍观者如堵"。孩子们乘不起车，就跟着电车跑，电车靠站后，他们手攀电车，一会儿上去，一会儿下来，要把新奇看个够。电车的通行也给人们带来了文明的观念。电车公司不断发出通告，要求乘坐电车的市民，在"车上不许吐痰涎"，"各客在车上不得用污言秽语，亦不得污秽本公司之车，又不得侮弄同车之客"。人们要乘电车，就不能不遵守这些西方人制定的规矩，久而久之，社会公德和文明礼貌也开始被市民所遵守。

电车是一种高速运行的市内交通工具，车速远远超过人们的经验范围。当电车风驰电掣而来时，市民往往因对其速度估计不足，来不及闪避，伤亡事故时有发生。电车公司是外国人开办的，电车伤人，引起市民的愤怒，导致多起交涉，但天津市民并未提出停驶电车或拆毁车轨等极端要求，与 30 年前（1876 年）

英国人强筑吴淞铁路碾死行人清政府出价 28.5 万两拆毁铁路相比，时代风气和人们的观念毕竟进步多了。

电车的通行使天津成为国内第一个建立现代公共交通的城市。1908 年，又开辟了第二条电车线路。至 1927 年，天津共有 6 条电车营运线路，总长 23.2 公里。电车线路所往之地，到 30 年代都发展成了繁华的商业区。

天津通行电车两年后，1908 年 2 月上海也出现了电车。

上海电车通行虽晚，规划却是最早提出来的。早在 1895 年，美国人亨脱便向上海租界工部局提出在租界内创办电车的计划。工部局在审议这项计划时，遭到自来水和煤气公司的反对，因为上海电力不足，电车用电，可能会影响自来水与煤气公司的供水供气，此事被搁置。不久，法国人罗发等人再次提出动议，经工部局纳税人年会通过，决定组织公司承筑上海电车，采取投标制。1897 年制定招标章程，分送伦敦、纽约、巴黎、柏林各大城市，征求投标。至 1898 年 6 月，共有 6 家外国公司表示愿意承办上海电车。后因戊戌政变，新政皆废，上海修筑电车一事也胎死腹中，一搁就是 10 年。

1908 年 2 月，上海法兰西电车公司在法租界内筑成全市第一条电车轨道并通车。3 月 5 日，英商组织的上海电车公司在公共租界内的电车轨道也筑成通车。英商势力强于法商，公共租界面积又大于法租界，英国人经营的电车事业比法国人的更发达。1908 年，英商经营的公共租界内的电车线路有 3 条：从静安寺至虹口公园，全长 8.6 公里；从静安寺至十六铺，全长 5.9 公里；从十六铺至杨树浦，全长 3.3 公里。三条线路总计 17.8 公里，电车 65 辆。至 1932 年，英商的电车线路增至 12 条，车辆 312 辆，年客流量 1 亿人次。

电车是一种外国传入的新事物，凡属新事物人们除了有新奇感外，还有因不理解而引起恐惧感。中国人因对雷电现象不理解，一直用因果报应的迷信说法来解释雷电击人现象，说是人做了坏事而遭雷击。电车以电为动力，上有电线，下有铁轨，都是中国人未见之事；电车轧毙人命，人们对电车产生恐惧，一些迷信观念至深或别有用心者便四处传播谣言，弄得人心惶惶，一时无人敢乘电车。1908 年上海"某迂儒"对电车有一番评论，大意为："电车，电车，此中有天意在也。人心不古，至于斯极。雷神击不胜击，故假手于人，上设以线，下安以轨……使罪恶贯盈者无所逃遁，诚天网恢恢，疏而不漏。"为了反击迷信和谣传，上海电车公司在举行通车典礼时，特邀请上海轮船、水电各行业头面人物虞洽卿、朱葆三等 24 人乘坐头班开出的电车，引来大批记者拍照和市民的围观，中国的富商尚且不怕死，小民还有何顾虑？这种示范起到了很好的宣传作用，电车日渐流行起来。继法国人、英国人之后，中国人自己也开办电车业务，1913 年组成了华商电车公司，陆伯鸿任总经理。当年 8 月 11 日在华界的南市开出了该公司的第一趟电车，至 1918 年共开设了小东门至高昌庙、小东门至老西门等 4 条路线。电车逐渐普及了上海市区。

三　远距离交通工具

轮船

　　最早的现代化交通工具是轮船。世界上第一艘轮船是美国人富士顿发明的，他将这艘船命名为"克莱蒙特"号。1807 年 8 月 17 日，"克莱蒙特"号在纽约市哈德逊河下水试航。船身长 150 英尺，宽 30 英尺，排水量 100 吨。船上的发动机是富士顿设计的，而蒸汽机则是瓦特亲自为这艘船设计的，试航成功，轮船取代帆船成为人类远航主要工具的新纪元开始了。此后的 8 年间，富士顿共制造了 17 艘货轮，1 艘渡轮，1 艘鱼雷艇和 1 艘快速舰。此外，他还是潜水艇设计的先行者。

　　21 年后，1829 年 4 月，一艘从孟加拉开出的作为通报艇用的小轮船驶抵广州城，这是到达中国的第一艘轮船。1830 年，英国泰尼克洋行为了缩短从印度到广州的船行时间，派出一艘名叫"福士"号的蒸汽轮船，拖带着一只装运鸦片的三桅船，驶抵珠江以外的伶仃洋。1835 年，英国怡和洋行在新加坡订造了一艘

64

长 85 英尺、宽 17 英尺、吃水 6 英尺、重 58 吨的"渣
甸"号轮船，驶入广州，以试探一下在中国开辟航运
业务的可能性。

第一艘从欧洲直驶中国的轮船是英国的"复仇女
神"号，于 1840 年驶抵澳门。鸦片战争后上海开埠，
第一艘驶入上海港的外国轮船是英国的"魔女"号，
它在 1842 年抵达上海港。1844 年，它又抵达广州，同
怡和洋行的"海盗"号轮船，美国的"财神"号轮船
一起，在广州和香港间航行，运载旅客、邮件和货物，
这是外国轮船在中国的水域最早开设的定期航线。

1845 年 9 月，取得英国皇家特许状在东方经营航
运的大英火轮船公司派出"玛丽·伍德夫人"号轮船
开抵香港，从此开始了英国南安普敦和香港之间每月
一次的航行，这是欧洲至中国的第一条远洋航线，也
是欧亚之间的第一条定期航线。1849 年，大英火轮船
公司又派"玛丽·伍德夫人"号船行到上海，开辟了
香港至上海的中国沿海的定期航线。

航运在中国是个新兴的行业，利润十分丰厚，各
国在中国的洋行眼疾手快，纷纷创办轮船公司。其中
比较著名的有：由美国旗昌洋行出面招股 100 万两创
办的旗昌轮船公司，经营上海至广州和长江航运两大
航线；由英国太古洋行创办的太古轮船公司，在伦敦
注册，有资本 36 万英镑；由英国怡和洋行创办的怡和
轮船公司，又称中印轮船公司，创办资本 50 万英镑。

尽管外国人创办了众多的轮船公司，但直到 19 世
纪 70 年代，远洋航行中轮船才完全代替了飞剪船（一

种轻捷的快速帆船），而在中国沿海和内河航行中，木制帆船仍占相当大的比重。据海关报告，1875 年进出各口岸的外国船只中，木船 4734 只，占船运总吨位的 16%，至 1894 年才降至 3.8%。

1872 年，清政府设立了轮船招商局，这是中国最早的近代大型轮船航运企业。创办资本 100 万两，总局设在上海，分局分设于天津、牛庄、烟台、汉口、福州、广州、香港，以及国外的横滨、神户、吕宋、新加坡。1877 年出资 220 万两，收购了美国的旗昌轮船公司。发展到 1947 年，共有船 460 艘，总吨位 33 万吨。

在中国人创办的轮船公司中，特别值得一提的是民生公司。

1925 年 10 月 11 日，知识分子出身的四川人卢作孚邀集他的老师和同学共 12 人，以 8000 元资本，创办了民生公司。开始时只有一艘小轮船，公司无钱，事务所设于合川县城一座破庙内。总经理卢作孚一人身兼数职，每月只拿 30 元薪金，带领公司职工艰苦创业，到 1934 年收购、合并了其他轮船公司商轮 30 艘，掌握了川江航运业。

在民生公司刚诞生之际，垄断长江航运的外国轮船公司根本没把它放在眼里。看到民生公司羽翼渐丰，它们便联合起来，向它施加重重压力，企图挤垮民生公司，重霸长江航运。外轮公司凭借雄厚的资本，采取杀价手段把客货运费降到无法再降的地步。从上海到重庆，过去一件棉纱运费是 25 元，1934 年被压到了

2元，这点运费，连支付航行的燃料费都不够。面对如此激烈的竞争，民生公司职员自动少领薪金，并以优质服务，争得了旅客的支持。一年下来，民生公司不但没有被挤垮，反而兼并了美国的捷江轮船公司。又过了一年，到1934年底，民生公司已拥有47艘船，总吨位达到20400吨，有资本167万元，承担了长江上游70%的运输业务，航线延伸到上海，成为中国最大的民族资本航运企业，卢作孚也成为家喻户晓的"一代船王"。

1938年10月25日，武昌沦陷于日军之手，3万难民和8万吨兵器、航空等重要器材撤至宜昌，必须在长江枯水季节到来前用40天时间将难民和器材撤至重庆。参加这场抢运工作的共24艘船，仅民生公司就派出了22艘。到当年年底，全部抢运工作胜利完成。民生公司因为抗战做出了贡献，从而得到许多便利条件。到1945年，公司拥有84艘船，总吨位增至2.6万吨，航线由长江扩展到湘江、金沙江，并试航乌江、澜沧江，开展了与川湘、川陕、川滇等地的水陆联运以及与美国航空运输大队联合的水空联运。发展到1949年，民生公司有船140艘，总吨位达到7万吨。

在制造轮船方面，1861年曾国藩设立的安庆军械所制成了中国第一艘以蒸汽为动力的轮船"黄鹄"号，船长55尺，载重25吨，每小时可行10公里。清代创办了江南制造局、福州船政局等中国最早的一批造船厂。到1937年止，江南制造局（1907年其中的一部分划出，改称江南造船所）共制造轮船（含军舰）757

三　远距离交通工具

67

艘。抗战前，全国共有造船厂约 85 家，多集中于上海、广州、汉口、天津、四川、湖南等地。

1920 年，江南造船所按照美国的订单，造成了第一艘国产万吨级运输船。船长 443 英尺，宽 55 英尺，排水量 14550 吨，载重 10200 吨，主机功率 3000 匹，满载船速 11 节，表明中国的造船业已达到相当高的水平。

另外提一下破冰船。

破冰船是一种用于破碎水面冰层，开辟航道，保障舰船进出冰封港口或引导航船在冰区航行的船只。分为江河湖泊、沿海港湾或北极地区破冰船。船身短而宽，长宽比值较小，底部首尾上翘，首柱尖削前倾，船体强度很高，船的首尾和水线区用厚钢板和密骨架加强，推进系统多采用双轴和多轴的螺旋桨装置，以柴油为动力推进。破冰时，船的首部压挤冰层，在行进中连续破冰或反复突进破冰。排水量为几千吨至 2.5 万吨，船速 13~20 余节，功率最大可达 7.5 万匹马力。

世界上的第一艘破冰船是 1899 年英国为俄国建造的"叶尔马克"号。当破冰船还在试制过程时，中国舆论界已及时捕捉到这一信息，及时向国人介绍了世界航运界的这一新现象。1879 年《利济学堂报》第 13 册上刊载消息说："俄国近有丹国，定造破冰轮船。告竣后，由丹国出口，驶往珲春。大约一千二百十二吨机器，可抵马力四千匹。其破冰之法，凭机力直冲，能使坚冰力碎，即用轮船继之而驶。"

1912 年中国首次建成"通凌"、"开凌"两艘破冰船。1959 年苏联建成"列宁"号破冰船，这是世界上第一艘核动力破冰船。

 火车

火车是蒸汽机车与铁轨的结合，它的发明经过了几个历史阶段，何时才算是火车真正的发明年代，没有准确的说法。比较通行的是 1825 年。从这时算起，约半个世纪后，火车传入了中国。

自从瓦特发明蒸汽机后，世界进入了第一次工业革命时期。人们开始考虑，蒸汽机除了可用于工业生产外，是否也可以用于交通运输，于是有了轮船，有了火车。

火车首先出现在工业革命的故乡英国，而且是在矿区。

早在 18 世纪 30 年代英国酝酿第一次工业革命时期，由于工业对矿产的需要，1738 年英国的矿山出现了世界上第一条铁轨。这条铁轨并不是真正的钢轨或铁轨，而是木制的轨道，外包一层铁皮，牵引矿车在这种铁轨上运行的，不是蒸汽机车，而是马匹。从使用马车运矿石，到马拉大车在木制铁皮的轨道上运行，载重量和运速都提高了不少，英国的其他矿区也纷纷仿效。这就是人类最早的"铁路运输"，后来的火车是在此基础上以机械力代替畜力。

1759 年，英国格拉斯哥大学的青年物理学家兼数

69

学家罗比森首次提出了用蒸汽机车取代马匹的设想。两年后，瓦特设计了一张蒸汽机车的草图。这些都是铁路运输史上真正的科学思想的闪光。

1802 年，英国的两名工程师特里维西克、维维安合作，制成了世界上第一台在铁轨上运行的蒸汽机车。在试运行中，它拉着 10 吨重的货物，仍能以每小时 5 英里的速度前进，为此他俩获得了铁路机车发明的专利权。而后，他们开始研究如何提高这种机车的性能，使它能投入实际应用，但因遇到种种困难，放弃了努力。

火车的真正发明人是英国著名的工程师斯蒂芬逊。1812 年，他在伦敦的工业展览会上见到了特里维西克和维维安的蒸汽机车模型，激起了他将这种机车投入实际应用的愿望。两年后他获得了成功。1814 年 7 月 25 日，一台蒸汽机车拖着 8 节 30 吨的煤车，在基林沃斯煤矿的铁轨上以每小时 6 ~ 7 公里的速度缓缓行驶，与它并排行驶的是几辆装饰华丽的马车，不一会儿，马车就把火车远远抛到了后头。

斯蒂芬逊的火车在载重能力方面比他的前辈已有了重大的突破，具有了实用价值，只是车速仍然太慢，火车与马车的比赛，就说明了这一点。

提高车速的关键是铁轨。斯蒂芬逊说："火车与铁轨是夫妻关系，只有它俩关系融洽，火车的速度才是不可限量的。"他在路基和铁轨上下了很大工夫，修建了世界上第一条比较正规的铁路——斯托克顿至达林顿的 30 英里长的铁路。

1825 年 9 月 27 日，斯托克顿人山人海，斯蒂芬逊亲自驾驶着世界上第一列客货两用的火车在新铺设的铁轨上运行。机车被命名为"旅行"号，挂有 12 节车厢，载有 100 吨货物和 450 名乘客，以每小时 15 英里的速度前进。这一天通常被认为是火车的诞生日。

1826 年，斯蒂芬逊主持修建曼彻斯特至利物浦两大城市之间的铁路干线，随后他设计的"火箭"号机车，车速达每小时 50 公里。1830 年 9 月曼彻斯特与利物浦之间的铁路通车后，每天有 8 辆机车投入运行，英国开始步入铁路运输的时代。

火车在英国一问世，立即传入了欧美各国。1828 年，美国开始修建第一条铁路。1840 年，铁路干线已延伸到了密西西比河。1869 年，铁路干线横贯美国。法国至 1831 年建成 38 公里铁路，1847 年，全国铁路干线已长达 1535 公里。德国于 1835 年开始建铁路，10 年内，筑成铁路 2000 公里。

铁路造成了交通运输业的巨大革命，在世界铁路发展突飞猛进之际，外国人很想把这种新的交通形式输入中国。1846 年，英国铁路工程师麦克唐纳·斯蒂芬生来到中国。他在 20 年前为印度设计了第一条铁路，此后成为发展印度铁路的关键人物。他是应老牌的怡和洋行的邀请到中国来的，修筑铁路对英国在华的经济扩张是极为有利的。斯蒂芬生考察中国地理和经济区域布局后，提出一个中国铁路网的初步设想。他建议以长江中段的商业中心汉口为铁路枢纽，筑铁路东抵上海，西至四川、云南，南达广州。另从东南诸省贸易中心的镇江，修铁路至天津、北京，从而把中国最富庶地区的重要城市与政治中心的北京连接起来。这一规划，除了没有考虑到汉口至北京的运输需要外，基本上把 30 多年后清政府开始修筑的重要铁路干线都包括了。但当时，清政府拒绝了斯蒂芬生的计划，这首先是因为清政府根本不了解铁路有何用处；其次，朝廷认为即使要修路，也无需外国人来帮忙设计。

要想让闭目塞听的清政府同意修铁路，首先要让它认识铁路的利益，亲眼看一看铁路究竟是个什么样子的东西。1865 年 8 月，英国人在北京城郊的空地上，修建了一条不足一公里的微型铁路，安置一辆蒸汽机车在上行驶。车声隆隆，黑烟滚滚，京师大震，斥为"妖物"，立即由步军统领下令拆除。

这实际上只是一种铁路模型，起演示作用。1872 年，另一条同样性质的铁路在天津的外国租界内铺成，9 月 9 日通车。天津道台被邀请参加试车，坐于头等车厢内，二等车厢由其他被邀请的客人乘坐。这一天，火车在租界内开行数次，有几百名中外人士乘坐了这种火车。外国人修筑这条铁路的目的是想起一种示范作用，打动中国官方，修筑天津至北京的铁路。虽然天津道台乘坐后，认为火车这玩意儿不错，但包括他本人在内，清朝各级大官谁也不敢同意外国人修建京津铁路。

1873 年，英国人开始直接去说动皇室，以庆贺同治皇帝大婚为名义，赠送一条"婚礼铁路"。铁路是赠给同治帝个人的，实际是想让慈禧太后见一见这种新鲜事物。清朝统治者对外国的新东西常常抱两种态度，作为私人消费品的外国新东西他们唯恐其少，而用于国计民生的大事业，往往顾虑重重，抱排斥态度。"婚礼铁路"是否被慈禧所接受，不得而知；但这是一个开端，后来外国人送的不少火车头，她都收下了。19世纪80年代，在皇室休憩的三海（北海、中海、南海）内，修了一条专供皇室用的铁路，对西方事物感兴趣的光绪皇帝常乘火车兜风，在紫光阁北面修有庞大的车库，占地数百平方米，收藏有10余辆火车头。可怜火车，竟成清帝的禁中玩物。

1874年底，英国不顾清政府的反对，强行在上海修筑吴淞铁路，1876年6月30日上海至江湾段通车，后延长至吴淞口，这是中国土地上出现的第一条营运铁路，全长15公里，轨距0.762米。轨重每米13公斤，属于轻便铁路性质。机车被命名为"天朝"号，列车时速24公里。

1876年7月3日，经过几天试行后，吴淞铁路正式营运，票价为：上等座位0.50元，中等座位0.25元，下等座位收制钱120文（每元合制钱1200文），后因乘客人多，票价提高了一倍。

上海市民对生平第一次乘坐火车抱着疑虑态度，随即便不顾车价昂贵，急欲登车一试，这种心态的转变是在一天之内完成的。

为报道火车开行情况，《申报》记者随车待了一整天。他报道说：火车每天开行6趟，早7点开出头班车时，5节车厢内总共只有20多名乘客，全是外国人，无一华人。到9点和11点这两趟车开出时，中外人士各有

一半。到下午 1 点钟时，纷至沓来的男女老幼已挤满了
5 节车厢，人们都愿坐上等和中等座，但已客满，不得
已，买上、中等车票而坐下等座，也心甘情愿。到下午
3 点以后，车站人满为患，买不到票者扫兴而归。

火车开行一星期后，人们的热情仍有增无减，5 节
车厢的短短列车根本不能满足上海百姓的乘车要求。7
月 10 日《申报》的报道，将乘车者、看火车的观众等
人的心态描述得淋漓尽致：

> 上海至吴淞新筑之火车铁路，为向来所未有，
> 诚一大观也。车辆往返每日六次，而客车皆拥挤
> 无空处。即城内终年几不出门外半步者，闻有此
> 事亦必携家眷一游。铁路停车之旁素本冷寂，现
> 在马车、小车来往不绝，竟变为热闹之区矣。予
> 于初次开行之日登车往游，惟见铁路两旁观者云
> 集，欲搭坐者已繁杂不可计数，觉客车实不敷所
> 用。尤奇者，火车为华人素未经见，不知其危险
> 安妥，而妇女以及小孩竟居其大半……坐车者尽
> 带喜色，旁观者亦皆喝彩，注目凝视。

访者还特别注意观察了沿途乡民对火车的反应，
文中写道：

> 此处素称僻静，罕见过客，今忽有火车经过，
> 既见烟气直冒，而又见客车六辆，皆载以鲜衣华
> 服之人，乡民有不诧为奇观乎？是以尽皆面对铁

路，停工而呆视也。或有老妇扶杖而张口延望者，或有少年荷锄而痴立者，或有弱女子观之而喜笑者，至于小孩或惧怯而依于长老前者，仅见数处，则或牵牛惊看似作逃避之状者，然究未有一人不面带喜色也……余因乘势在江湾询村民以火车之事，欲探其意云何，而无不同声称道之。

与中国老百姓对火车的态度形成鲜明对照，清政府对吴淞铁路始终抱着憎恨和排斥的态度，必欲除之而后快。英国不顾清政府的反对，擅自在中国土地上修筑铁路，是一种十足的殖民主义者的强权霸道。从修筑到通车，中外交涉不断。1876 年 10 月，中英协商，决定铁路再由英方经营一年后，由中方买下。铁路营运情况极好，到 1877 年 9 月，已载客 16 万人次。中国买下这条铁路并自己经营，不仅是笔丰厚的收入，更重要的是可以为铁路的大规模输入提供一个展示。

1877 年 10 月，协议到期，清政府出银 28.5 万两将吴淞铁路买下，并下令火车停驶，上海市民且疑且惧，《申报》主笔写道：

火车停行已数日矣，日昨与友数人同在茶楼品茗，隔坐亦有数人，忽有一人至隔坐，人邀与同坐，询曰："君往吴淞，何以又能偷闲来此？"答曰："候潮退耳。若如数日前有火车时，余固可以去而复返矣。"语罢叹息久之。复有一人至隔坐，人询问如前，答曰："风太大，船户不肯开行，须候风息始能开往耳。"又询曰："君有急事，何以不弃舟而车乎？"答曰："如此大风，尘眯人眼，车夫不能张目，安能推车？若尚有火车，何至行路如此艰难？"于是围坐同声叹息停止火车有损无益，并云从前未见火车，亦均不知火车好处，今已行有数月，往来淞沪者均称其便，一旦停歇，殊令人皆往来不便，安得上宪回心转意，准其复行，则有事吴淞者，定当感颂功德于无既矣。

与老百姓的愿望相反，愚昧的清政府不但没有恢复火车的行驶，相反立即拆除了这条铁路。所有的器物，包括车头、车皮、铁轨，任凭日晒雨淋，不久全部锈烂。

中国官方自建的第一条铁路是唐山至胥各庄的唐胥铁路，是著名的洋务派首领李鸿章在朝廷内顶住了顽固派的反对而修筑的，1881 年 11 月 8 日筑成通车。同英国早期的铁路一样，它也是为运煤而修筑的，而且一度也用马匹来牵引。所不同的是，英国煤矿铁路用马，是因为蒸汽机车还没有发明出来，而唐胥铁路举行通车典礼时，用的是英国工程师金达设计、中国工人制造的 0 - 3 - 0 型蒸汽机车，命名为"龙"号。列车开行不久，京中顽固大臣便上书皇帝，说火车开行，震动清朝历代先皇陵寝所在的东陵，使祖宗在地下不得安宁；机车喷出的黑烟，会毁伤道路两旁的庄稼，因此要求皇帝下令禁止火车行驶。不得已，停用蒸汽机车，改用马匹牵引列车。后经李鸿章等人坚持，才恢复使用机车。

中国大规模修筑铁路始于 1895 年。经过 1894 年的中日甲午战争，清政府充分认识到了铁路具有迅速转运军队的作用。从而结束了朝廷内部关于中国是否需要铁路的争论。第一条铁路干线是芦汉线，后改称京汉线。到清亡的 1911 年中国已修筑 8731 公里铁路。至 1927 年增至 12374 公里，筑成或接近完工的重要干线有京汉、粤汉、京奉、南满、中东、津浦、沪宁、胶济、陇海、京绥、正太、滇越等，铁路纵贯地区的人口约占全国总人口的 20%。

当 19 世纪 90 年代中国开始大规模修筑铁路之际，欧美发达国家已着手铁路的电气化。中国的风气已较前开通，舆论界以很高的热情关注国外的铁路电气化。1897 年春，《知新报》报道了美国的电力机车试行情况，指出这种火车时速为 120 英里，比蒸汽机牵引的列车快 5 倍。同年秋《实学报》介绍法国的电力机车时速 75 英里。这些都是有关外国铁路电气化的早期报道，虽然中国尚无实行的条件，但表明了中国人对世界铁路发展的关心。

中国虽无电气化机车，但蒸汽机车的车速也在提高。1907 年北京至汉口实行"直达快车"制，原先运行 37 小时，此时已缩短至 29 小时，这种车速，与 20 世纪 70 年代前的中国车速已相差无几了。

 **飞机**

在迄今为止的各类现代交通工具中，飞机是最早

激起人们的幻想而又最晚被创造出来的。从远古时代起，人类就希望能像鸟一样在天空自由飞翔，《山海经》所记载的制造飞车乘风而行的设想，便表达了古人的这种热切愿望。欧洲文艺复兴时期，天才的达·芬奇曾依照鸟的飞行原理，设计过振动翼飞行器。在飞机问世之前，人类曾利用过四种形式飞上了天空：①用气球在空中飘浮。②用滑翔机滑行。③在滑翔机上安装人力推进器飞行。④制造巨大的风筝升上天空。

四种形式中，最有实际利用价值的是第一和第三两种。气球飘浮的形式，逐渐演变为现代的飞艇；以人力推动的滑翔机，则成为现代的以机械为动力的飞机的前驱。在 19 世纪末，飞机即将发明前夕，各种升空器械在欧洲已争奇斗艳，引起中国人的极大兴趣。1897 年春，浙江温州的《利济学堂报》刊载了国外的一项最新发明的消息，大意是：欧美国家，近发明一种飞行器，左右两边各有一翼，类似飞鸟之翅。飞行器正中，安装一辆轻型自行车，人坐车上，飞快踏动车轮，便可飞行。其升空则依靠气球，气球安在自行车上方。利用热气球升空后，人踏车轮便可飞行自如了。显然，这是一种以人力推进器作动力的飞行器。同年秋，该报又报道了另一种飞行器，大意为：一名美国人最近制作了一种形状像舢板的气球，这种气球的两旁各有一物，形似双桨。气球升空后，手摇此双桨状器物，便可飞行。这种靠气球飘浮的形如舢板的飞行器，离 1900 年德国人齐柏林发明的硬式飞艇已相去不远了。

世界上第一架飞机是美国人莱特兄弟（威尔巴·莱特、奥比尔·莱特）试制成功的。1903年12月17日，他们驾驶着一架装有12匹马力汽油发动机的双叶飞机，在空中飞行了260米，59秒钟，实现了人类对于天空的挑战，这架首次上天的飞机被命名为"飞行家一号"。

6年后，中国人在美国、日本也造出了飞机。

首先研制出飞机的是广东恩平县人冯如。他9岁即留学美国，专攻机械学。因美国是飞机发祥地，所处环境、所学专业使他对飞机产生兴趣。1908年他开始研制，1909年试制成单叶飞机和双叶飞机各一架，发动机30马力，叶轮转速每分钟1204次，速度每分钟40米，1910年，冯如又新制一架75马力飞机，发动机配有水冷装置，并在美国作飞行表演，飞机升高300英尺，飞行自如，美国观众大声喝彩。1911年春，冯如在澳大利亚、日本等地作飞行表演后，至广州作首次表演，飞机升空10余米，飞行100余米后，因触到一棵大树而损坏。这架飞机机身用槐木和钢条制成，为双叶式，两翼和机身长度均为29.5英尺，重725磅，是当时质地比较优良的一架飞机。

几乎与冯如同时，留日学生李宝焌、刘佐臣在日本也研制成单叶飞机一架。如果说，冯如是中国最早的飞机制造家，李、刘二人则是中国最早的航空理论家。他们深知，当时世界航空事业刚刚起步，中国在各种科学技术领域都落后于先进国家，唯独在航空事业上可以与世界同步，并领先于亚洲。所以，飞机试制成功后，他们不愿意这项技术被日本利用，由中国驻日公使安排，于 1910 年 8 月 15 日携带飞机回到国内。

归国后，他们向清政府介绍了发展航空事业的远大前景，大意为：世界早已进入了海军和陆军的时代。各国海军已有了潜水艇，陆军则有穿山炮，现在又发明了飞机。飞机在空中，可以袭击地面，而地面火力难以袭击飞机，所以今后的战争，必然是空中优势的争夺。几年前惊心动魄的日俄大海战，将成为世界最后之海战，今后两军之胜负，将取决于空中。

1910 年 11 月，李宝焌、刘佐臣在北京发起成立了航空研究会，这是中国第一个研究航空理论的学术团体。在发起宣言中，他们阐述了自己的理论，这也是中国最早的空战观念，大意为：飞机制造必将是 20 世纪最引人注目的事业，欧美各国，都已经充分注意到这一点，正抓紧研究和制造。飞机的优势，在交通上，兼有火车、轮船、电报之长；在地理学和科学研究上，则可用于空中摄影和人力难及之地的探险。而它对于目前中国的最大益处，则在于军事方面。首先，它可用于侦察。敌军的兵力部署，通过居高临下的空中侦察，可以一目了然。比如，军司令部的位置，兵工厂，海军基地，陆军的行动，都难逃飞行员之眼。其次，空中对地面的攻击，是一种最有威力的行动，无论是抛掷炸弹，还是安装机关枪炮作火力扫射，都是敌军难以抵挡的。所以，空中部队必将成为全军命脉，空中帝国必将宰制全球。他们在 1910 年所提出的这些观点，诸如空中侦察、火力扫射和轰炸，均为后来的空战实践所证实；而他们所提出的空军为"全军命脉"，故要掌握"制空中权"的理念，更成为后来各国军事的重大战略。

在起初，制造飞机并不难。莱特兄弟制造的"飞行家一号"，机身是用柳树枝制成的，外糊以棉布。不久，英国制造的飞机，机身是用竹子制成的。正因为此，冯如制造的飞机，才备受美国人的称赞。实际上，直到第一次世界大战，制造飞机都要比火车、汽车、轮船简单得多。所以，李宝焌、刘佐臣提出，只要政府提倡，中国的航空事业必将与美国和欧洲齐驱并驾。

清政府对发展中国航空事业态度游移。一方面，军谘府（清朝总参谋部）接受了李、刘二人的主张，于1910年命李宝焌在北京南苑五里甸创建飞机试验场，购法国沙麦式双翼飞机一架，作为培训飞行员的练习机。另一方面，冯如在广州作飞行表演后，两广总督张鸣岐认为人才难得，致电军谘府，请示留用冯如。因冯如在美国试制飞机时，共用去美国华侨5.3万两经费，他如归国，情理上应归还这笔款项，军谘府不愿代还这笔钱，冯如不得已仍回美国，直至清政府倒台才回国。

早期参与航空事业者，是要具有牺牲精神的。1912年冯如再次归国作飞行表演时，飞机失事，全机粉碎而遇难。1911年5月6日法国著名飞行家环落在上海作飞行表演时，也不幸遇难。他是来华作飞行表

81

演的第一个外国人。有的著作称他是 1909 年来华表演飞行的，是错误的。

应该提到的是，早在 1911 年春，中国女子已有人驾驶飞机了。不过是在国外。当年 6 月 11 日发行的《妇女时报》创刊号，刊登了一张照片，一女子驾机飞翔于欧美某城市上空，照片的题目是《破天荒中国女子之凌空》，只可惜不知此"中国女子"姓甚名谁。这一行动的意义在于：1909 年英国的伦敦妇女飞行会成立，欧洲女子飞行史刚刚揭开序幕。

民国成立后，中国的飞机制造事业才真正起步，1914 年，北京南苑的航空工厂技师潘世忠制成 80 马力飞机一架。1918 年，北洋政府海军部在福州马尾创办飞机工程处和海军飞潜学校，用国产杉木、榆木、樟木为机身材料研制木质飞机，1920 年制成水上教练机。试飞成功后，又陆续制成水上飞机 15 架、"佛利脱"教练机 12 架。1934 年，国民政府航空委员会所属南京第一飞机修理厂制成"爪哇"号双翼侦察机，这是中国近代制造的最大的性能最优良的飞机，由田增业、朱家仁、乔刚等人设计，机重 2363 公斤，最大时速 238 公里，飞行高度 5170 米，航程 943 公里，发动机从美国进口，全机造价 5 万元。同年，国民政府又创办了中央杭州飞机制造厂，1935 年创办韶关和南京两个飞机制造厂。抗日战争前夕，杭州厂依照美式飞机生产了 25 架诺斯若波式全金属轻型轰炸机，南昌厂生产了 6 架萨伏亚 5–81 式轰炸机。抗日战争期间，日本占领下的东北拥有每年制造 10 架战斗机、200 架高级教练机的生产能力。

在民用航空方面，1929 年 5 月，南京政府交通部成立了中国航空公司，因经营亏本，1930 年 8 月改组为中美合资的中国航空公司，总资本 1000 万元，其中交通部占 55%，美国飞运公司占 45%，重新开业后仍然亏损，1933 年由美国泛美航空公司接办，1935 年扭亏为盈。

中国航空公司开辟的航线有：上海—南京—汉口，后扩展到宜昌、成都、北平、广州。1936 年，该公司有洛宁、司汀逊、道格拉斯等式飞机 17 架，飞行航程 246.6 万公里，乘客 18567 人。

1931 年 2 月，交通部又与德国汉莎航空公司成立了欧亚航空公司，开辟上海—北平—满洲里、上海—兰州等航线。这两条航线本是飞往欧洲的第一段，后因日本占领东北等原因，仅限于国内飞行。至 1936 年，该公司有资本 900 万元，交通部占 2/3，汉莎公司占 1/3，有容克飞机 7 架（其中 4 架是租用的），飞行航程 91.1 万公里，乘客 5115 人。

1933 年，广东、广西两省政府联办的西南航空公司开业，主要经营华南地区的航运，并与法国航空公司合作，租用法航飞机，开辟河内航线，在河内与法航的欧洲航线衔接。

1936 年 11 月，中日合办的惠通航空公司开业，资本 270 万元，中方出资 50 万元，由日本人经营，开辟天津—大连、北平—天津—锦州、天津—北平—承德、北平—沈阳等航线，航线总长 2500 公里。

中国民用航空所拥有的飞机总数，1936 年为 27 架，1945 年为 68 架，1946 年为 84 架，1947 年 6 月时为 94 架。飞行航程 1936 年仅 192 万公里，1946 年达 1579 万公里，增长 7 倍多。以上飞机及航程不包括军用飞机在内。抗战胜利后，美国为国民党军队建立空军，供给 43 架 C－47 型运输机。南京政府又以每架 5000 美元的低价，从战后美军剩余物资中购买 C－46 型运输机 150 架，其中除少部分拨给交通部外，大部用于军事运输。

四　通讯设备

　**电报**

自从电力这一新能源被发现之后，电报、电话、电灯、电车、电梯、电影等技术发明相继问世，对人类社会生活产生了重大影响。其中电报是应用电的各种重大技术发明中最早的一项。

与其他各项技术发明不同，电报的发明者莫尔斯不是科学家，不是工程师，而是一位画家。

莫尔斯是美国人。1832年10月，他在欧洲旅游写生后，乘法国邮轮回纽约。航行途中，一位名叫杰克逊的青年物理学家向同船人作了有关电的应用的种种光明前景的演讲，其中提到，人类用电传递信息的时代已经不太遥远。莫尔斯听后大受鼓舞，当年他已41岁，除了中学时期学过的一点常识外，对电学可谓一窍不通，但他决心投身于电报的研究，回美国后便放弃了画家职业，拜纽约大学物理学教授盖尔为师，学习制造电磁铁的方法。

在莫尔斯研究电报之前，丹麦物理学家奥斯特已

85

于 1819 年发现了电磁感应。1820 年，法国物理学家安培依据电磁感应原理，制成了一种磁针电报装置。1829 年，美国电学权威亨利发明了一个可发送电报的继电器系统，由脉冲电码组成的信息，可发送到相当远的距离。亨利的这种电报系统已具有实用价值，但亨利淡泊名利，没有申请专利，当莫尔斯向他请教时，他把这一技术成果传给莫尔斯，使后者最终成为电报的发明人。

莫尔斯集前人成果之大成，研究取得迅速进展。1837 年他发明了"莫尔斯电码"。这是一种用点和横两种符号组成的新电码，彻底改变了过去用字母传送信息的方式，从而使发报、传递、收报系统变得简单得多。1844 年，莫尔斯的电报装置系统可完全提供实用，他便说服美国国会，拨款 3 万美元在华盛顿与巴尔的摩之间架设了世界上第一条有线电报线路。

1844 年 5 月 24 日，华盛顿举行电报通报典礼，当 70 公里外传来了人类历史上第一份长途电报时，莫尔斯激动不已，呼喊道："上帝创造了何等的奇迹！"

电报是人类信息通讯史上的一次革命，莫尔斯的发明立即普及世界各国。1846 年，英国成立了第一家电报公司。1847 年，第一条海底电缆横穿英吉利海峡，连通了英法两国。1854 年，远距离的海底电缆横越大西洋，连通了欧洲和美洲。

电报传入中国颇费周折。

1865 年，俄国派哈博兰技师携带全套电报装置到北京，在使馆内架线安机，请中国官员参观，并提出架设北京至恰克图之间的电报线路，遭总理衙门拒绝。同年，英国商人雷诺未经中国官方同意，架设上海浦东至黄浦江口灯塔的电报线，长约 15 英里。苏松太道丁日昌指使乡民，一夜之间拔尽电线杆。1873 年，华侨王承荣从法国归来，与王斌一起制成中国第一台电报机，呈请清政府自办电报，遭拒绝。

之所以如此，是由于清朝上下对国外新科技一无所知，因无知而生出无端的畏惧。1867 年号称懂得洋务的崇厚说："电报、铁路二事，于中国毫无所益。"同年，洋务大员李鸿章也说："办电报与铁路，对外国人有大利，对中国人有大害。"

中国自己创办的第一条电报线路是台湾府到高雄的 95 公里电报线，1877 年 8 月动工，10 月完工。1879 年又修建了天津至大沽的 60 公里长的津沽线。这两条线路实际上都是军事线路，是因为边防吃紧，洋务派丁日昌、李鸿章认识到了电报在传输军事信息上的重要作用后，说动清政府修建的。在此之前，英国铺设的香港至上海的海底电缆已于 1871 年 4 月 17 日接通营业，6 月 2 日，香港至伦敦的海底线也接通营业，从欧洲至香港、上海的通信，过去依靠轮船要数周，现在顷刻之间便能实现。

清政府在开办电报后发现，电讯不仅有利于军事，而且是一项有大利可图的事业。为此在 19 世纪 80 年代初设立了电报总局，南北各条电报干线迅速架设起来。到 1894 年，除西藏、蒙古外，各省均通电报，是交通运输业中发展最快的一项事业。当时的电报价格极高，利润丰厚。从上海发电至香港、广州、长崎，每 10 字 3 元，11 字至 20 字 6 元，21 字至 30 字 9 元，从上海至神户、横滨，每 10 字 5 元。

在西方传入的各种器物中，电报线路是遭到乡民破坏最严重的一种。1898 年，"甘肃久旱不雨，无知农民咸谓电线所害，省城东、北两路，拔毁电杆二百余根，以致电报迭次被阻"。1899 年时，"陕西立电竿十余年，居民犹不知为中国之物。有卖帖人某在京谓人曰：彼中荒旱，皆由电竿所致，致激成众怒，毁数线竿，果得甘雨。后官畏洋人，欲罪毁竿之人，幸以得雨之故，办理稍宽，其说之谬陋若此。又民家初见电线，谓线中空，系将极细纸条插入，用电气送走，顷刻间即可达到。"

千年的封建专制统治，造成了人民的愚昧，但这并不是人民毁坏电线的主要原因，凡属毁坏电线的行动，后面必有人挑唆，挑唆者大都是地方的守旧派乡绅，而根源则来自朝廷中的封建顽固派。人民对外来新器物本来只是抱着一种天真的惊奇而已。以下是1899 年 4 月 7 日《中外日报》的一则趣闻，很能说明问题。

苏州初设电线时，一老妪闻人言电线寄信极速，偶作新鞋，欲寄其女。因念姑悬之电线，试看果能速否。妪悬鞋去后，路旁民家一女子见之，怪线上何得有履，姑取下试观之。适合己足，戏取著之，而以旧履悬其上。逾时，妪至，怪鞋尚

未递人，取观，喜曰："电线寄物果速，吾女得新
鞋后，已将旧履寄回矣。"

20世纪初，随着新式学校的逐步普及，社会风气
的开通，毁坏电报线现象已极少发生。至1912年全国
已有电报线路6.2万公里，电信局、所565处，年发
报量190万件。10年后的1922年增至9万公里电报线
路，928处电信局、所，年发报量250万件。电报已通
至几乎所有的城市。

在电报机方面，过去大部分为莫氏机，仅有少数
重要线路为韦氏机。从1934年起，各地逐渐采用新机
器。其中上海、南京、汉口、北京、天津等处电报局
改用克利特发报机，上海、南京等局并配有印字机；
其余的南昌、九江、杭州等电报局改用韦氏机。

电话

电报的发明激发了人们对电学在其他领域应用的
强烈兴趣——电线既然能够传递字码，它能否直接传
递人的声音呢？经过多年探索，1875年亚历山大·贝
尔发明了电话。

贝尔是美国波士顿大学声音生理学教授，从事聋
哑人的语言教学；由于职业的原因，对各国物理学界
用电来传递声音的研究一直予以密切关注。早在1845
年，电话的基本原理已被法国人鲍萨尔设想出来了，
1860年德国人赖伊斯再次提出了这一设想，但他们都

在把声音这种机械能转化成电能这一关键问题上遇到了阻碍，未能制造出送话器和受话器。

1873 年贝尔辞去了教授职务，专心研制电话。1875 年，受电报应用电磁铁能够把电信号和机械运动相互转换的启发，他开始设计电磁式电话。他把音叉放在带铁芯的线圈前，音叉的振动引起铁芯作相应运动，产生了感应电流，电流信号传到导线另一头作相反转换，变成声音信号。在此基础上，贝尔把音叉改换成随声音振动的金属片，把铁芯改换成磁棒，终于制成了世界上第一部电话装置，这一天是 1875 年 6 月 2 日。

19 世纪中晚期西方科学技术发明推广的一个鲜明特点是，技术研究与生产的紧密结合，科学的发明靠企业的生产获得广泛的推广。1876 年 2 月 14 日，贝尔在美国专利局提出了电话专利权的申请。就在这同一天，在贝尔提出申请的两个小时以后，一个名叫格雷的人也走进了美国专利局的大门，按照他自己的发明提出了电话专利权的申请。格雷的申请因为比贝尔晚两小时而被否定。贝尔随后成立了贝尔电话公司，电话投入了实际应用。

电话能把人的声音原原本本传到远方，比其他通讯方式更受欢迎。电话发明几年后，便在世界各地流行起来。1881 年传到中国，正式应用是 1882 年。

1881 年底，丹麦商人在上海创办的大北电报公司开始筹办电话业务，公司在报刊上刊登的广告，介绍了电话的特点。广告的大意为：电话与电报差不了多少，也是靠电线传递，说话人拿起话筒，电线就把声音传给了对方。两人通过电话交谈，与当面谈话没什么区别，口吻毕肖，言语清楚，而且不为风雨所阻，无地理之隔，愿安电话者，速来公司签名。

1882 年 2 月，大北公司在上海外滩设立的电话交换所开始工作，使用电话的主要是外国的商行。同年 4 月，英国商人另设一家电话交换所，与大北公司竞争业务。两家电话交换所的电话合计约 60 部。

1884 年，天津租界内也开设了电话业务。随后，直隶总督李鸿章的总督衙门内也设了电话。

电话初入中国时，主要是外国人和中国的大商号使用，普及率很低。到 1899 年 5 月，全上海仅有电话 372 部，但每部电话的使用率较高。上海的电话公司作过一次统计，1899 年 5 月 15 日早 8 点至 16 日早 8 点，24 小时内，全上海 372 部电话总共通话 4356 次，平均每部电话通话 11.7 次。电话少而使用率高的一个重要原因是，电话只交年租金而不收每次通话费。电话的年租金十分昂贵。1882 年时每部电话每年需交 100 两白银，1899 年降至 70 两白银。1899 年上海每部电话年通话次数为 4371 次，因使用频率高，平均到每次通话费用为一分六厘，就不算太贵了。

20 世纪初，中国有了长途电话。1900 年丹麦人濮尔生在天津新设一家电话公司，架电话线至塘沽、北塘，1901 年又架至北京，从此，北京至天津可通长途电话。当时北京的用户主要是各国驻华使馆和部分政府机关、大臣府邸，总计不足百部电话。而同年，据中国报刊统计，美国旧金山有电话 21324 部，居民 342782 户，平均每 16 户 1 部电话。波士顿有电话 23780 部，居民 50 万户，平均每 20 户 1 部电话。

1904 年，清政府在京津两地开办了官办电话业务，分别设立了北京电话局和天津电话局，北京电话局由总局和两个分局组成，至 1904 年底共安设电话 151 部。天津电话局开设后，每部电话的月租金降至 4 元（每年 48 元），长途电话费另收。天津至北京的长途电话费为每次 0.80 元，只计通话次数，不计通话时间。1905、1906 年，北京电话局、天津电话局分别接收了外商濮尔生在京津的电话局，京津地区电话业务归官方统一管理，濮尔生为顾问，月薪 800 元。

清政府收回了外国人的电话经营权，商民拍手称快，但接着令人头疼的事接踵而至。官办企业官气太重，效率极差，最常见的弊病是，普通商民打电话，接线员爱理不理，懒于接通；一时间，电话用户怨声载道，报刊上每隔几日就有一封投诉信。有人述说，拿起电话，要接线员接某处电话，接线员说，那条线路坏了，不能通话，打电话者不信，到电话局查看，线路完好。更多的情况是，要求通话者常被接线员告之占线，连打几次甚至十几次，都说占线。情况的严重，终于迫使天津的报纸联合起来，刊登启事，请电话用户再遇所谓"占线"情况，记下打电话的时间，自己的电话号码，由报纸负责公布，以便电话局负责人查办接线员。其他地区情况也大同小异。1908 年杭州电话改归官办后，办理不善，商民要求实行商办呼声甚高。一日，电话局总办在浙江省洋务局拿起电话三次，接线员擅离职守，无人接通电话，大怒之下，将值班的接线员斥退。

　　尽管有种种令人气恼之事，电话还是给人们的日常生活带来了极大的方便。仅举北京人通过电话听戏这一小小事例，便可说明问题。北京人极爱听戏，在电影普及前，听戏是上至王公大臣下至平民百姓最主要的消遣方式。1905 年 6 月下旬，因天气炎热，戏园人多闷不透风，使许多爱听京剧名角谭鑫培（当时艺名叫"小叫天"）演唱的戏迷望而却步。戏园别出心裁，在戏园舞台上安装电话，家有电话者只要出钱，便可收听谭鑫培的戏，时人称为"戏界之奇闻，亦二十世纪之特色"。

　　1907 年，直拨电话已在北京出现。

　　直拨电话当时称"自动电话"，是一种不依赖于接线员的直通电话，最早安装于外国人云集的东交民巷六国饭店。报刊介绍其使用方法云：

　　　　该机器接线不论远近，仍用两线相连，与平日所用电话机无异。唯其用法，与寻常机器不同，巧妙良多。譬如欲叫第三百五十二号。只将机器上下之铜扳手，推至第三五二号码处，然后将电铃按动，该处自可出应。俟说话完毕，即将耳机挂于钩下，其自能机自可将两处线头仍然分开，无用人力。

　　使用直拨电话的另一好处是保密性强：

如由甲局叫丁局，其乙、丙等局，均无从知觉，既可无庸中间局代为接转，而中间各局又无可窃听机密。此种机器，如用诸官商两界，固无不合适，若用诸军营警察，则尤为相宜。

自动电话是美国人发明的。1892 年美国建立了世界上第一个自动拨号电话局。北京安装的这种自动电话是从美国输入的，据称距美国较广泛使用此种电话"仅六七年之久"，而"欧洲各国亦陆续仿用"，可见中国输入直拨电话的速度还是很快的。

电话从晚清时期引进，经过几十年的发展，到 1927 年时在大城市中已是一种比较流行的通信工具。1927 年，上海、北京、南京、汉口等城市，直属交通部的市内电话局有 20 家，其中使用磁石式话机的 14 家，共电式话机的 5 家，自动式与共电式并用的 1 家，总容量 4 万户。除交通部直属外，各省省营和民营的市内电话局有几十家。到 1936 年，全国国营市内电话已增至 7.3 万户，设备也大都更新。其中自动式电话 3 万多户，其次为共电式，磁石式已处于淘汰趋势。到 1946 年，全国市内电话用户已增至 115878 户。

长途电话的发展在 1927 年前不如市内电话，当年全国长途电话线总计 4000 公里，以后发展较快。1933 年，交通部成立九省长途电话工程处，筹办江苏、浙江、安徽、河北、河南、山东、湖北、湖南、江西的长途电话网，到 1937 年，已架设由交通部直属的长途电话线 5.37 万公里，省属的 5 万公里，农村电话线 5

万公里，合计约 16 万公里。长途电话的使用率，1936
年为 278 万次，1945 年为 600 万次，1946 年为 1162 万
次，1947 年 1～6 月为 921 万次，增长相当迅速。

20 世纪 20 年代，中国开始引进无线电对讲电话。
1923 年，交通部向马可尼公司订购 2 千瓦报话双用机 1
部、收讯机 4 部；1924 年又订购 3 台 5 千瓦报话双用机，
4 套收话联络机和保密设备。1936 年首先开通了中日无线
电话，开始时仅限于上海与东京的通话，后扩展到各地。

中国的电话机过去完全依靠进口。1917 年 10 月北
洋政府交通部与美国西屋电气公司、日本电气株式会
社共同出资 100 万美元，成立中国电气股份有限公司，
生产电话机及有关器材。此外还有一些民营企业，但
中国电气股份有限公司处于垄断地位。

电话初入中国时，按其英文译音，称为"德律
风"。从 1904 年起，天津的《大公报》使用"电话"
一词以取代"德律风"，可能是留日学生归国后，将日
本名词输入之故。在清末最后几年间，津、京、沪的
报刊上已普遍使用"电话"这一名词，沿用至今。

 无线电通讯

无线电是意大利人马可尼于 1894 年发明的。在此
之前，德国著名物理学家赫兹发现了电磁波，引起人
们对利用电磁波代替有线电传的兴趣。法国物理学家
布冉利、英国物理学家洛奇也先后作过研究，并取得
在 800 米内收到电讯的成果。

马可尼曾向赫兹请教，如何能进行远距离的无线通讯。赫兹用了一个形象的比喻说，那必须有一面覆盖在地球上空的"放射镜"。在波罗尼亚大学里吉等人的指导下，马可尼发现了这个"放射镜"，这就是离地球表面几十公里高处的电离层，它可以把无线电讯号放射到地球的各个角落。马可尼又进一步发现，如果将电磁波的发射器和接收器都装上天线和地线，电磁波的发射和接收效果会大大改善。1894年，他制成了第一台无线电通讯器，实现了2英里距离内的收发报。这一年他仅22岁。1896年，他又成功地实现了14公里距离的无线电通讯。

马可尼的发现备受世界关注。戊戌维新时期，睁开眼睛看世界的中国人非常留心世界科学技术的新进展。马可尼对无线电技术的发明和每一点新进展，都通过报刊不断为中国人所知晓。1897年春，《集成报》报道说，马可尼"新创一法，安设电报机器，一概照常，唯不用电线，已在英廷试验，极为便利"。这是中国报刊有关无线电的早期报道。

1899年，马可尼又成功地使电波越过多佛尔海峡，实现了英法两国的无线电通讯联络。当年8月26日的上海《汇报》立即报道说："意国学士马尔哥尼创行无线电报，精益求精，今年西六月十七日，乘法国兵船至海中发电至岸，相去六十八法里。"

1901年，马可尼又成功地实现了飞越大西洋的无线电通讯，从此无线电通讯开始在世界各地进入实用阶段。

一般来说，在戊戌维新开通社会风气后，外国的科技新发明都会很快传入中国。无线电通讯何时传入中国，迄今尚无定论。据 1905 年 10 月 9 日《大公报》记载，当时在武昌、南京两地，已各自有无线电通讯，清政府正准备建立北京至天津之间的无线电通讯，目的是更好地保守通讯中的军事机密。实际上，无线电传入的时间要更早些。一个现今人们还不知道的事实是，1903 年马可尼曾来到中国，10 月 16 日在北京的意大利使馆中与水师提督的坐船进行了无线电联络，这应是无线电通讯在中国的首次出现。《大公报》当年 10 月 17 日报道说："创制无线电报者马口尼氏，日昨在北京意国钦使署，始用无线电达至水师提督之坐船名畏多皮塞尼者，该船亦于昨日由烟台至大沽。"

1912 年，民国政府交通部向德国订购火花式电台 5 部，在张家口、吴淞、广州、武昌、福州分设电台；1918 年又在兰州、乌鲁木齐、喀什尔建立电台，这些尚都属于国内无线电通信。

中国第一个正式的国际无线电通讯台是 1924 年春在沈阳建立的。这是由吴梯青等人主持，在张学良、杨宇霆的支持下，经张作霖同意后开设的。吴梯青本是交通部电政司的技师，1919 年自己设计制成了一台超外差十灯收音机，收听到巴黎和会上中国代表拒签和约的消息。

沈阳的国际无线电通讯台建立后，先后设立长波台与短波台，于 1927 年与德国、法国、苏联、意大利和南美洲建立了通讯关系。北京、天津、上海等地的国际无线电报都由沈阳转发。

自 1928 年 1 月起，交通部在上海、南京、重庆、北京、天津等城市设立了 30 多个无线电短波台，配置短波发报机，以后又陆续开通了与旧金山、伦敦、东京、河内等地的国际无线电收发报联系。到 1943 年前后，全国共有无线电电报台 170 余处，1 千瓦以上的大型无线电机 23 部，50 瓦至 1 千瓦的中型无线电机 101 部，50 瓦以下的小型机 190 部，通报电路遍及各省。

广播电台、收音机

电磁波技术首先应用于无线电收发报后，人们继续挖掘它的潜力。1906 年，美国人德福雷斯特发明了无线电电子学的关键部件——真空三极管。随后美国创建了第一个无线广播电台，并开始生产收音机。1920 年，美国首次进行无线电正式广播，通过电台，公布了总统大选的结果；1926 年建立了全美广播网，1943 年设立国际广播电台——"美国之音"。

1922 年，美国商人奥斯邦来华，在上海大来公司楼上设立了中国有史以来的第一座广播电台——奥斯邦电台。1923 年 1 月 23 日正式开播，波长 200 米，功率 50 瓦，每天晚上播音 1 小时。当时，上海约有收音机 500 台。2 月 8 日，孙中山的《和平统一宣言》由这家电台播出。3 月 14 日，北洋政府下令取缔外国人在上海设立的无线电学会和奥斯邦电台，不久，该电台停播。

1924年8月，北洋政府交通部颁发了第一个有关广播电台的法规《关于装用广播无线电接收机的暂行规则》，允许民间在呈请交通部批准许可后，设立广播电台，安装收音机。1926年10月1日，中国自办的哈尔滨广播无线电台开始播音，台长刘瀚，电台频率1071千周，发射功率100瓦。

1928年8月1日，民国政府所办的中央广播电台在南京创建，同日开始播音。功率500瓦，每天播音5小时。1932年5月扩大功率至75千瓦，每天播音增为12小时，频率680千周，号称"世界第三，东亚第一"。以后，各省广播电台纷纷建立。至1937年6月，除东北外，全国共有广播电台78座，总功率123千瓦，其中官办电台23座，民营电台55座，民营电台多数设于上海。当年，包括东三省在内，全国拥有的收音机数量达到20万台。

1940年12月30日，中共中央在延安创办的第一座广播电台新华广播电台开始播音，发射功率300瓦，每天播音2次，每次数小时。广播稿件由新华社提供，主要内容为中共中央和陕甘宁边区政府的文告及国内外重要新闻。编辑有刘克刚、李伍、陈笑雨、王唯真等，播音员有徐瑞章、姚雯、肖岩、孙茜。

中国人使用的收音机开始时完全依靠进口。20世纪30年代，中国无线电和收音机市场的主要供货商有：美商飞歌公司、美国无线电公司、英商中华无线电公司、英国通用电器有限公司、荷兰飞歌公司。

1924年10月，中国人自己创办的生产收音机的企业亚美股份有限公司在上海成立。开始时只生产收音机零件，组装矿石收音机。经过 10 年的努力，到 1935年，已能生产"1651 型超外差式"五灯收音机。这种收音机除真空电子管和碳质电阻外，全部零件都是国内生产的。除亚美公司之外，亚尔电工社也是一家生产收音机的重要企业。它生产的"模范乐"牌五灯电子管收音机，自 1937 年起出口泰国，共数千台，是中国出口收音机的第一家企业。

到 1949 年，中国包括进口、自产各种收音机在内，约有 100 万台。

五 文化娱乐用品

 照相机

　　文字是信息的载体，摄影也同样，它能把事物的形态原封不动地保存下来，从而比古人通过绘画保留事物形象大进了一步。

　　摄影术是 1839 年法国的达盖尔最终完成的。在他之前，1727 年德国的施尔茨已经成功地试验了硝酸银在光线照射下由白到黑的变化。其后，英国的维丘德和法国的查尔斯继续了这一试验。到 1824 年，法国的涅普斯已制作出了有一定水平的照片。在前人的基础上，达盖尔在银版上充以碘蒸汽，使银版表面碘化为感光版；通过一个小透镜使它感光，通入水银蒸汽后，只有感光部分能沾上水银，影像就被记录下来了。在完成以上显影过程后，达盖尔把感光版浸入海波溶液，洗去没有变化的碘化银，从而完成了定影。达盖尔的摄影术的基本原理一直沿用至今。

　　1844 年，摄影术已传到了中国。当年 8 月，两广总督兼五口通商大臣耆英在澳门与法国谈判中法五口通商问题，法国海关总检查长于勒·埃及尔曾为他拍摄了一张照片。五口通商以后，来华外国人增多，不少人带着照相机。其中比较著名的是美国擅长景物摄影的查理·伟德。他于1850年到上海，拍了许多风景照片，记录了当时中国的风土人情；后去香港，与人合办了一家照相馆，为人拍肖像照并出售他在内地拍摄的风景照片。

最迟不超过1858年，上海已经有了照相馆。当年10月25日，王韬在他的日记中记载了他陪同一位朋友去外国人开设的照相馆拍照留念的事。当时的价格是拍一张照片5元钱。受此影响，中国人在上海和各地也陆续办起了照相馆，并研究照相原理。1875年王韬曾写下了一段他对照相的认识，从光学和化学的角度，向人们介绍了摄影和显影的科学原理，以及摄影在翻拍、缩印文献资料等方面的作用。

1890年，法国人维纳根据干涉原理，利用反射面进行了光驻波的实验。1891年，法国人李普曼在此基础上初步发明了天然彩色照相法，几年后投入应用。戊戌维新时期（1895~1898年），中国人对国外的科技新发明倍感兴趣，各报立即报道了彩色照相法的发明：

《格致新报》写道："法国力勃门（即李普曼），博学士也，在伦敦照相会中，谈及照相一事。近得新法，可以将衣饰之颜色，一并照入，不必另用装点。从此照相家又别开生面，行见彩堪夺目光怪陆离矣。"

广州的《广通报》写道："近有法京博物士某人，新造照相现真色之法。其术如何，用何药料，人尚未知。从此凡照相者，面色、服物，皆可现其真色，尽可快心。"

至迟不超过 1899 年，电光夜照和照片放大两项技术传入中国。1899 年 3 月 27 日《申报》一则广告云：

> 耀华主人素精电学，近思将一最新最妙之法，能于晚间以电光拍照，已屡试不爽。无论一二人至千百人宴会，均可随意拍成，比之日光，更为妥当。士绅赐顾者，请移玉至大马路抛球场耀华照像号面议可也。

另一则广告云：

> 我号照像放大，得其真传，毫发小爽，已蒙诸君称赏，愧无以报。自今为始，每款小照，多送一张，以酬雅注。大马路抛球场丽芳、泥城丽华两照像号同启。

20 世纪初，中国照相业已颇为发达，照相馆动辄两三层洋楼。如上海二唯楼照相馆，因火灾重建，新开张之馆为"三层洋房"。拍摄对象已不限于人，如天津之公益照相传习所，"专照人物、山水、楼台、房院、行船、走马、古今书画"等。

19 世纪末，各种人物肖像影集已在书市上出现，最常见的是妓女的照片集，为人们寻访青楼楚馆提供方便。至 20 世纪初，一些比较有社会意义的影集开始问世。

1905 年，有正书局在上海和北京同时出版发行了两部影集，一为《庚子义和团照相》，一为《中国名人照相全册》，使广大民众得以通过照片，目睹他们关切的这一 20 世纪初年中国最重大政治事件的真实情景，以及光绪年间中国政治首脑和社会名流的形象。《庚子义和团照相》之广告称，"此图乃义和团当时种种之形状，自起事以至破京城及各处战争，均极全备。且附有北京宫殿名胜及与此次战事关系天子以下之人物各照片计共百余幅，装订一大册，每部五元"。《中国名人照相全册》将光绪朝忠奸人物一并收入，而自有其评判。其广告称："将中国三十一年来或有功会社（社会），或有害国家之相片，聚一百数十人于金边册上，虽兰艾之同登，然芳臭之自别，百世钦之，万人唾之，自有公论在也。"该影集所收人物极完备，收有光绪皇帝、慈安太后、慈禧太后及皇后、宫妃、格格等，老恭王、老醇王、庆王、肃王、礼王、端王、小醇王、阿王、伦贝子、涛贝勒、洵贝勒、曾文正、左文襄、李文忠、曾国荃、鲍超、邓世昌、郭嵩焘、康南海、梁新会、谭浏阳、康广仁、杨深秀、林旭、黄遵宪、张荫桓、李端棻、孙家鼐、张百熙、陶模、刘坤一、张之洞、端方、袁世凯、王文韶、李瀚章、叶志超、荣禄、黄福祥、刘永福、盛宣怀、锡良、铁良、那相、袁昶、许景澄、吴汝纶、俞樾、薛锦琴、裕庚之女公子、各女学等。

以上名单提示，此影集所收照片，起止日为 1875

年（光绪元年）至 1905 年（光绪三十一年），共 31 年，涉及太平天国运动（主要清军将领）、中法战争、中日甲午战争、戊戌变法、庚子事变中一系列著名人物，不啻一部 30 余年历史的再现，且不避嫌疑，将"乱臣贼子"之康有为、梁启超及死难的"戊戌六君子"，与王公贵戚、"中兴名臣"同列一册，颇见勇气。

由于照片所拍摄的情景具有无可怀疑的真实性，比任何言词都更为有力，人们开始利用它的这一功能，暴露官员的腐败行径。1909 年《大公报》曾报道广东一则消息并加按语云："近有官场多人，在沙头妓艇中闹娼饮酒，正在兴酣之际，被人用快镜摄其影。翌日，晒出相片，即封固交邮寄呈藩署。胡中丞接阅后，勃然大怒。拟即彻底根究。按官场之花天酒地醉舞狂欢者，岂仅粤东一省为然哉？唯无人携有照相镜取其丑态，是以无从发觉耳。倘上宪出示，凡遇此等作狭邪游有玷官箴之属吏，随时尽可摄其小照并送请惩办，吾知伊等龌龊不堪之辈，一经按索，定然无术狡赖，亦一极大快心事也。"

与此相对应，当时官场中又有利用制版技术，以假乱真，制造假照片以攻击政敌之情事。

1907 年轰动一时的"丁未政潮"中，军机大臣瞿鸿禨与新任邮传部尚书岑春煊联手，希图削弱庆亲王奕劻和袁世凯一派的势力。瞿、岑与立宪派相接近，袁世凯乃利用此点，伪造岑春煊与"逆党"康有为之合影，将岑逼出京城，巩固了自己的地位。时人记其事云：

　　袁世凯、岑春煊俱有宠于太后。世凯之宠，由戊戌告变；春煊之宠，由庚子护驾；皆从患难中奋翅而起，虽有外言，莫能间也。世凯恶春煊权势与己相埒，与奕劻比而谮之。及朱宝奎黜，仇恨益深，密奏春煊曾入保国会，为康梁死党，不可信。太后曾（憎）恶康党，以春煊新被宠，不应有是，待之如初。粤人蔡乃煌失志居天津，侦得其情，思媚袁以求进。因入照相馆，觅得春煊及康有为影相各一，点景合成一片，若两人聚首若有所商者，献于世凯。世凯大喜，交奕劻密呈太后，证为交通乱党，春煊之宠遂衰，未几，迁粤督，未及履任，中途罢归，乃煌以此擢上海道。

　　一张伪照，比一封密奏更为有效，由此决定了瞿、岑联盟的瓦解和"丁未政潮"的结局，反映出当时制版技术的高明和最高统治者的愚蠢。

　　由于照片能逼真地反映人的容颜，最晚不迟于1909 年，人物肖像照已被广泛应用于广告中，作为推销商品的新手段，特别是作为化妆品和药品的广告。1909 年 4 月 16 日，《大公报》刊登了它的第一幅人像照片广告，系为推销克美利雅洗面粉而用。画面为一年轻女士，手捧两张克美利雅洗面粉的海报。照片估计据花丛影集中翻拍而来，并非专为作此广告而真人拍摄，从广告画面可以看出，那两张海报是利用制版技术贴在其胸前的，可见当时尚无肖像权问题。其广告词以对话形式，突出照片中人物容颜的娇艳美，以显示洗面粉的功效。

4月17日，该报又刊登另一幅人像照片，为狮子牌牙粉做广告。

1910年，《大公报》开始刊登男性照片，为药物做广告，其中包括天津著名人物、《民兴报》总理刘孟扬的照片。男子照片多为半身像，似报馆专为其拍摄或向其索取的，并附有本人称赞药片的言词。如1910年12月22日《大公报》所登上海中法大药房在天津推销日光铁丸的广告，即刊登了刘孟扬的半身照及其致中法大药房的书函。函云："鄙人体质素极薄弱……友人告贵药房所售日光铁丸颇有奇效，因连购数瓶服之，近日已能安睡，而精力亦已渐复元。鄙人深信此药收效之速，因特志数语，以示表扬。"过去药房常借助名人书画为其药品做广告，照片的配备则能显示服药人的精神状态。

随着摄影的普及，照相已成为城市人日常生活的组成部分，连憎恶西俗的慈禧太后也不能免俗。慈禧的侍从德龄曾记述其接受照相的经过：1903年，经康格夫人推荐，美国女油画家卡尔小姐（即时人所称之克姑娘）被召入宫中为慈禧画像。慈禧不耐长久枯坐，德龄遂怂恿她照相，而不敢明言，先取自己在法国的照片给慈禧看。慈禧云："这些像照得很好，比画的像好些。我若先前已照过相，就可以免这回画像的事了。但我既已答应他，我也不翻悔。所难的，我不能叫一个照像的到宫里来照。"德龄的母亲在一边撺掇说："太后要愿意照像，德龄的哥哥曾经学过，他可以替太后照。"太后闻言，似甚诧异，问曰："你先前何以总不说起？"德龄母亲曰："不晓得太后要照像，且不敢说。"太后笑曰："随便什么话都可以说，凡是我没有看过、做过的事，我都要试试。"于是，德龄的二哥勋龄被召入宫内，为慈禧照相。对于陌生的摄影术，慈禧极感新鲜。德龄记云："次日，天气极佳。八钟时，余兄在院中安照像盒数具，太后观之曰：'好奇怪，用这个东西，就可以照人的像？'余解说照像之理。太后命一太监站在前面，太后从镜中观之，曰：'怎么你的头在下面，你是脚站在地上，还是头站在地上？'余解说光线交互反正之理，说照好后就不倒了。太后甚喜，说这真好。又谓余曰：'你去站在那里，等我看看。'看后又曰：'你去在镜子里看我，看能不能够说出我的样子。'太后摇手，余说出。太后甚悦，即入轿，叫轿夫抬走，过相盒时，余兄拍一照。太后回头，向余兄曰：'你照了吗？'余兄答照了。太后曰：'你为什么不先告诉我？我的样子太板了，下回照时先知会我，我要照和气的样子。'"

这段描写，将慈禧初照时的惊奇、疑惑等心理一一活现出来，可以代表一般中国人初次接触摄影术时的感受。

慈禧照相后，兴趣未罢，又要看洗印，德龄记曰："照毕，命余兄即刻去洗。又曰：'你等一会，我跟你同去，看你怎么样做。'余言须在黑房中洗。太后曰：'不要紧，不管是怎么样的房子，我要去看看。'遂同进黑房。余等搬一椅，请太后坐。太后谓余兄曰：'你一心做你的事，只当我不在这里一样。'太后见渐渐现影，甚喜。余兄以玻璃片就红灯前请太后看，太后曰：'不大清楚，我认得是我自己的像，但我的脸跟手怎么都是黑的？'余曰：'晒在纸上，黑的就变白了，白的就变黑了。'太后曰：'俗语说老来学，真不错，这件事我简直不晓得。'……余兄以像片置太阳中晒之。两点钟后，均已晒出，极清楚。太后喜甚，先拿一张看，又以次看其余，皆看毕，又看头一张，变为黑色。太后不明其故，问曰：'怎么变黑了，是坏运气吗？'余曰：'晒好后，要用药水洗，不然，受阳光太过，就变黑了。'太后曰：'真有趣，要费这些手脚。'余兄乃先用化学水洗，又用清水洗，太后见比先前更清楚，讶曰：'好怪，一切都跟真的一样。'及料理均毕，太后拿进房中，坐在小椅上细看，良久，又以镜自照，用像片比观。"

摄影初进中国时，被视为邪术，认为它能摄走人的魂魄，慈禧因底片未冲洗，呈黑色，疑为"坏运气"，亦与此类似，均系初见新技术时难免的疑惧。但人们很快就接受了它。慈禧自第一次照相后，一发而不可收，照了许多照片，其中包括装扮成观音的照片。1904 年，她又召在京的日本著名摄影师山本进宫，为其摄影，将照片分赠各国公使夫人，以致其照片流入社会，被大量翻拍并出售。当年《大公报》一则批发销售慈禧照片的广告云：

　　　　此照片非克姑娘所画之油画，乃新近照出
　　专赠各国公使夫人者：太后中座，皇后左立，瑾妃右立，后面三人乃裕庚之夫人及二女公子也，上有太后玺印三个，始知以前所见，皆是赝本也。每大张一元，通邮局处不取邮费，信局则原班回信。凡购十元者，八折；三十元者，七折；五十元者，六折。现在赝本翻印者甚多，请认明有正书局图章，庶不至受欺。寄售处：北京厂西门有正书局、上海四马路有正书局。高野文次郎启。

清末，有关国家重大活动特别是皇室的照片已具有很高的新闻性或收藏价值，使一些摄影师甘愿冒险拍摄。1909 年慈禧发丧，天津福升照相馆主人殷辅堂冒充新任直隶总督端方随从，前往拍摄实况，被逮捕入狱，端方也受牵连丢官，别人记其事云：

> 端方督直时，喜照像，然不照人，照其所存官画贴册及三钱骨董耳，时东马路有福升照像馆，馆主殷辅堂，当袁世凯督直时，举凡袁氏各像及春秋阅操等，均由福升承摄。袁既入阁，端仍用其人。宣统元年，慈禧皇太后安葬东陵，殷以为有机可投，乃以重金为贿，伪为端之戈什喀，随往东陵，一路以快相匣窃摄多帧。抵陵，始败露。因殷摄金棺入圹，需时较长，各官伏地恸哭，独殷跪地平身，为赞仪李国丞所见，立即拿下，交九门提督审讯。既入奏，端方褫职，殷在狱二年，费数万金，始保其元。既释，而产破矣。

摄影术的迅速传入及其在清末社会中的广泛应用，表明中国人在本质上对西方器物并不抱排斥态度，反对西方技术的只是极个别人。

幻灯

在电影发明之前，幻灯是最接近于电影的视觉艺术。在电影传入中国前，幻灯片在中国已流行了 20 余年。

幻灯片最初传入时，主要供西方人娱乐。1875 年同治皇帝驾崩，国丧期间，全国戏院停止演戏。英、法、美三国人士，遂在上海放映幻灯片以代替传统的戏剧演唱，因系外国人所为，而且不是真人表演，没有戏剧的热闹场面，故不遭禁止。"此为沪上第一次有影戏，亦影戏第一次至中国也"。所谓"影戏"，即指幻灯，因它是一种投影艺术之故。

当时的中国人对这种艺术兴趣极浓，有人描述其放映形式及片子内容：

> 西人影戏，台前张白布大幔一，以水湿之。中藏灯匣，匣面置洋画，更番叠换，光射布上，则山水、树木、楼阁、人物、鸟兽、虫鱼，光怪陆离诸状毕现。其最动目者为洋房被火，帆船遇风。被火者初则星星，继而大炽，终至燎原，错落离奇，不可思议。遇风者但觉台飓撼地，波涛掀天，浪涌船颠，骇人心目。他如泰

西各国争战事及诸名胜，均有图画，恍疑身历其境，颇有可观。

这段记载，见于《沪游杂记》，书是 1876 年写的，否则，如此生动的形象，真让人疑为在描述电影了。

10 年后，1885 年 11 月，中国人开始自拍自演幻灯片，最早的尝试者是颜永京。他是个商人，曾环游列国，将沿途所见，一一拍成幻灯片，计有：印度风景、埃及金字塔、苏伊士运河、法国、英国、美国、日本各地风土人情。人们描述他的放映情况道：

> 其机器式四方，高三四尺，上有一烟囱，中置小灯一盏，安置小方桌上，正对堂上屏风，屏上悬洁白洋布一幅，大小与屏齐。少许，灯忽灭，如处漆室中……忽而上现一圆形，光耀如月，一美人捧长方牌，上书"群贤毕集"四字……洎美人过而又一天官出，绛袍乌帽，奕奕有神，所捧之牌……字则易为"中外同庆"矣。由是而现一圆地球，由是而现一平地球……地球既毕，即接演虹口之公家花园，即又现浦江清晓图、海天落日图，是为航海之始。不多时，又现格拉巴岛，是岛居民俱属回教，云系印度之属地。其轿如箱，然两人舁之以行，一女子半身微露，虽黑如黝漆，而拈花一笑，亦解风情。

到戊戌维新时期，南学会等一些著名社会团体纷纷利用幻灯片来宣传科学知识，介绍各国政治、历史、地理，扩大人们的眼界。

在19世纪与20世纪之交，不仅通商口岸大城市的市民已熟知幻灯片，一些十分偏僻的乡村有时也有幸见到幻灯。携带幻灯机深入乡村的是传教士，所播内容当然是《圣经》故事。晚清中国不缠足运动的发起者、英国妇女立德夫人描述她在四川乡间的一段见闻道：

> 传教士们放幻灯片的计划出了一点问题。那天晚上风很大，传教士们不得不取消在庙外放映幻灯片的计划，可是幻灯片吸引了那么多人，他们整夜不走，要第二天早上再看，所以幻灯片移到庙里去放，庙里挤着看幻灯片的农民。房子里味道可不好闻，所以看了一会就走了。同去的房东家人都兴致勃勃，不过他们都不露声色，所以我不知道是喜欢幻灯片，还是被幻灯弄糊涂了。海青向我绘声绘色地描述了幻灯片，告诉我幻灯片上耶稣说了什么，做了什么。这些传教士，当直接劝说人们入教尝试失败后，就用幻灯片宣传宗教。

在电影传入后，幻灯片并未退出历史舞台，在很长的一段时期内，它仍是教学的一种有效工具。

 **3　电影**

电影由美国科学家托马斯·爱迪生首创。1889年

他研制成可以放映活动影片的电影机。其后，经过欧美科学家数年改进，1895 年电影正式问世。当年 4 月在纽约、10 月在柏林先后试演电影。12 月 28 日，法国青年实业家卢米埃尔在巴黎放映了《墙》、《婴孩喝奶》等世界上最早的几部活动影片，这一天遂被世界电影界公认为电影发明阶段的结束和电影放映时代的开始。

1896 年初，卢米埃尔雇了 20 多个助手，到世界各地去放映他制作的影片，当时亚洲的一些主要国家如日本、中国、印度都放映了他的影片。中国的首次放映时间是 1896 年 8 月 11 日，在上海。

电影传入中国之初，人们对它的态度十分冷淡，这从当年的广告宣传中明显可见。中国有关电影的第一则广告刊载于 1896 年 8 月 10 日的《申报》上，广告云："徐园初三夜仍设文虎候教，西洋影戏，客串戏法。" 8 月 14 日广告又云："徐园七夕仍设文虎候教……园内陈设古玩、异果、奇花，兼叙清曲，是夜准许放奇巧焰火，又一村并演西洋影戏。"从中可见，当年电影在中国并不是一种独立的娱乐形式，是掺杂在传统娱乐活动（如文虎、听戏、观焰火）中播映的。这则广告详细介绍了焰火的各种图形，而对新传入的电影内容却无一字介绍，可见当时人们对电影的兴趣不及传统娱乐活动。

经过一年的传播，1897 年人们对电影的观念已有较大改变。这年 7 月，美国电影放映商雍松到上海，携来"机器电光影戏"，初拟从 7 月 26 日起在天华茶园"连演五夜"，后"接演七天"，再"连演七天"，直到 8 月 27 日，整整演了一个月。电影广告也整整做了一个月。当时的电影只是一些活动着的人物和风景，没有故事情节，但中国观众开始表现出浓厚的兴趣，以下是一则观感，详细记载了当时电影的内容和中国人的欣赏态度：

　　近有美国电光影戏，制同影灯而奇妙幻化皆出人意料之外者。昨夕雨后新凉，偕友人往奇园观焉。座客既集，停灯开演：旋见现一影，两西女作跳舞状，黄发蓬蓬，憨态可掬。又一影，两西人作角抵戏。又一影，为俄国两公主双双对舞，旁有一人奏乐应之。又一影，一女子在盆中洗浴……又一影，一人变弄戏法，以巨毯盖一女子，乃揭毯而女子不见，再一盖之，而女子仍在其中矣！种种诡异，不可名状。最奇且多者，莫如赛走自行车：一人自东而来，一人自西而来，迎头一碰，一人先跌于地，一人急往扶之，亦与俱跌。霎时无数自行车麇集，彼此相撞，一一皆跌，观者皆拍掌狂笑。忽跌者皆起，各乘其车而沓。又一为火轮车，电卷风驰，满屋震眩，如是数转，车轮乍停，车上坐客蜂拥而下，左右东西，分头各散，男女纷错，老少异状，不下数千百人，观者方目给不暇，一瞬而灭。又一为法国演武，其校场之辽阔，兵将之众多，队伍之齐整、军容之严肃，令人凛凛生威。又一为美国之马路，电灯高烛，马车来往如游龙，路旁行人纷纷如织，观者至此几疑身入其中，无不眉为之飞，色为之舞。忽灯光一明，万象俱灭。其他尚多，不能悉记，洵奇观也！观毕，因叹曰：天地之间，千变万化，如蜃楼海市，与过影何以异？自电法既创，开古今未有之奇，汇造物无穷之秘。如影戏者，数万里在咫尺，不必求缩地之方，千百状纷呈，何殊乎铸鼎之像，乍隐乍现，人生真梦幻泡影耳，旨可作如是观。

中国人之所以对电影着迷，重要原因不仅在于娱乐，而且在于自鸦片战争以后，日益对外国事倍感兴趣，而电影则能将外国人的生活、景物、事件活生生地展现出来。他们认为，看电影的好处，"第一是开眼界，可以当作游历，看看欧美各国的风土人情，即如那名山胜水、出奇的工程、著名的古迹、冷带热带、各种景致、各种情形，至于那开矿的、耕田的、作工的、卖艺的、赛马的、斗力的，种种事情，真如同身历其境，亲眼得见一样"。"电影这一样玩艺儿，实在是欧美各文明国学问美术进化的一种大表记。不但能发显出各种景致，比如天然的那山水树木，人工的那楼台殿阁，并且能演出古今各种的历史，直把那天下古今奇奇怪怪的事，都缩在眼前……美哉！乐哉！二十世纪的人，竟能享这个眼福，真是古人梦想不到的事呀。"

与中国传统娱乐形式相比，电影也更能使人开眼界、长知识，为中国人带来一种全新的娱乐方式，因而受到热烈欢迎。到了 1906 年，即电影传入 10 年后，电影广告充满报刊，广告词中已不限于介绍片名，而且详细介绍其内容与特点："凡各山川、人物、草木、鸟兽、胜景、奇事、战争、玩耍，无不完备，且活动如生。""看看看，真极！看看看，奇极！看看看，活极！"真、奇、活三个字，充分表明中国人对电影特点的感受及对其所传达的域外风物的兴趣。

电影初入中国时，一直在茶园、戏园中演出，并没有电影院这一专门场所。中国的第一座电影院 1906 年底出现于天津，名为权仙电戏园。当年 12 月 8 日，位于天津法租界的权仙茶园因上演美国电影，大受欢迎，便改名权仙电戏园，专门放电影。它比人们熟知的上海第一家电影院虹口大戏院早两年。

作为一座新兴电影院，权仙电戏园所演的片子在国内是最先进的。1906 年，英国的查尔斯·欧本及史密斯刚开始拍摄和上映彩色电影，1907 年 5 月，权仙电戏园的新片预告中已有"带彩之片"。其广告称："本园自北京分津以来，开演电影。津地中外绅商同声叫好。本园自问亦可称无以盖超者。今又……演新片，内有带彩之片。"1908 年 5 月，其影片广告中再次出现"彩片"字样："本园现下每夜准演各色清片与彩片八大卷，其内容系志载世界全球古今事迹、景致、山水、人物，一目了然，清楚无比。"此广告词中，以"清片"与"彩片"相并列，估计清片即黑白片，彩片即最初之彩色片。1911 年，权仙电戏园的新片广告中再次提到彩色片，称："本园主人不惜重资，特由欧美各国运到新出五彩活动电影，所演各处风土人情、山水树木以及飞车飞船等片，惟妙惟肖。"以此可推测，1907年，当彩色电影在外国刚刚发明不久，即已传入中国。

权仙电戏园除较早放映彩色影片外，外国凡有电影新片，权仙无不立即引进。西方将《圣经》搬上银幕不久，权仙电戏园就"不惜重资，从外洋运到天主耶稣全部。从天主降生起，直至升天为圣为止。内中情节，悲欢离合，别有可观"。该片原预定于1907年10月3~4日上映两天，后于10月17~18日又加映两场。

晚清时期，电影放映机的出售、影片的出租等业务均已开展起来。1898年上海永昌洋行的一则广告云："本行新到上等巧造新样影戏机器，其中影景盘旋，活动巧妙灵捷。诸君欲购者，请来行面议，价极相宜。"1908年，北京平安电影公司一则关于影片租、售两便的广告称："本公司由外洋运到电影机器画片，并有新式磨电机，购来过多，并将用过之机器画片并磨电机器均可出售，半价，与新无异，出赁亦可。"同年，天津一则关于红鸡牌号影片的出租广告云："本公司现今出赁头等出名红鸡电影片牌号。此种影片具是活演各国山水人物、风土人情，无不惟妙惟肖，直令一观不啻亲历其境。且本公司出赁，每礼拜可换数次，故此各主顾及各戏园主人能赁此片，无须多花费也。"在清末的都市生活中，电影已同传统戏剧并列，成为人们娱乐生活不可或缺的组成部分。

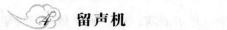

4 留声机

　　留声机发明于 1877 年，19 世纪 90 年代起在欧美流行，随即传入中国。20 世纪初年，不少王公大臣、富商大户和文人学士家中已备有留声机。

　　留声机是美国发明大王爱迪生研制成功的。他一生有数不尽的发明，但大都是在前人研究的基础上，以他天才的设想，作了重大改进，获得发明权的。而留声机则全然不同，在爱迪生以前，从未有人思考过把声音贮存起来，再现出来。

　　1877 年，爱迪生在研究碳粒送话器的过程中，发现传话器的膜版会随着说话的声音产生相应的震动。于是他找了一根针，一头竖在膜版上，一头用手轻轻按住，然后对着膜版讲话。他的手指明显感受到短针在颤动，说话声音高，针颤动得快，反之则慢。接着，爱迪生作了逆向的思索：既然话音能使膜版颤动，那么反过来，这种颤动也应该能传出人的说话声。

　　经过几十个日日夜夜的顽强探索，1877 年 8 月 12 日，爱迪生把初步制成的这种能自己说话的机器命名为"留声机"。12 月 6 日，第一台留声机问世了。全世界都被这一伟大的发明而震动。美国著名的科学杂志《科学的美国人》以《当代最伟大的发明——会讲话的机器》为题，热情报道了爱迪生的发明。要求一睹这种神奇发明物的人如潮水般涌向爱迪生的实验室，为满足人们的愿望，爱迪生在门罗公园作了一次公开演示。接着，他又在美国科学院大礼堂向全美知名学者作了表演，这一盛况是美国科学院建院后从未有过的。1878年6月，爱迪生在《北美评论》杂志上发表《留声机及其未来》一文，详细介绍了留声机的各种用途。

19世纪90年代，留声机已在欧美各国广泛使用。

第一台留声机何时入中国，现已很难确定。我们仅仅知道，在19世纪90年代，当留声机在欧美投入使用时，中国许多报刊都及时报道了留声机的消息。这些报道，都转引自欧美的报刊，表明外国人对它的兴趣也刚刚发生。例如，1897年温州的《利济学堂报》转引当年3月伦敦的《工务报》消息，大意为：发明电灯的美国人晏打臣（即爱迪生——引者注），近来又发明一种新机器。将此机器接在电话或电机上，就能将人的语言准确无误地记录下来。

1899年11月3日的《知新报》，依据外国报刊，详细登载了爱迪生关于发明留声机过程的一段自述。这段自述写道：一天，很偶然地，我在电话筒的圆膜片前唱歌，发觉我声音的震动，能使处于手指与膜片之间的短针也发生震动，这着实让我吃惊，并引起我的思索。我便想到，如果我能用某种方法，把针的震动记录下来，再把这种记录复制出来，我不信不能再现人的语言！想到此，我便用一张电报的蜡纸作试验，话音的震动果然十分清楚地刻在了纸上。我兴奋地大声喊道："Hello! Hello!"蜡纸在针尖下慢慢移动，出现了音痕。我把蜡纸在针尖下再拖过一次，出现了微弱的"Hello! Hello!"的声音。我明白成功了，决定立即设计这种机器，并请我的助手协助。当我把这一想法告诉我的同行和朋友时，他们都一笑置之，谁也不信。我请他们观看了我的试验，众人大惊，始信。

19 世纪末 20 世纪初留声机传入中国。1898 年 11 月 17 日上海海利洋行在《中外日报》刊登的"新到外国各种灵巧货物"广告中，就有"留声机器"。1902 年《外交报》所登广告中也有"留声机器"。1905 年的"抵制美约"风潮中，被禁止进口的美国货中专列有"留声机器"一项，说明进口数量已不在少数。1906 年，上海文人孙宝瑄在日记中，不止一次地提到在朋友家中听留声机的情形，并作诗咏道："小院静无人，但闻歌声缓。歌声何处来，天机自流转。"

中国最早成批传入的留声机，是美国可伦布厂生产的马蹄牌。1910 年的一份有关这种留声机的广告图片显示：留声机为唱针式，机器上方带一个大喇叭，用以扩大音响，唱片可以正反两面使用。

留声机传入不久，中国已能自己灌制唱片。清末所灌制的唱片，以戏曲为主，西洋音乐很少。由于有了留声机，不少人可以在家中欣赏戏曲，而不必赶到戏院茶馆去。由于留声机带有喇叭，而戏院尚无扩音设备，因此人们在家中听留声机，"比台上更觉响亮数倍"。一些备受戏迷追捧的京剧名角如谭鑫培所演唱的戏曲在清末已被多次灌成唱片。

清末时期电影已传入中国，各大城市都播映电影。

当时电影是无声的，放映电影时，通常用留声机伴音，以弥补无声电影只见画面不闻音响的缺憾。

有关留声机传播的一段佳话，是伍廷芳与爱迪生的会面。

伍廷芳是清末民初著名的政治家和外交家，1896年、1907年曾两度出任驻美公使，1909年被召回国。归国前夕，伍廷芳久仰爱迪生，专程前去拜访，两人谈得很投机。爱迪生请伍廷芳留言，并亲自将留言录于留声机中。有关这次会面，纽约各报均有报道。上海《时报》1910年2月28日、3月1日予以连载，现节录于下：

> 伍星使廷芳归国前一日，访爱狄生于其化学室中……纽约各报以一大政治家一大制造家相见，一时传为佳话，无不详记其言论。云伍、爱相见以后，爱示伍以种种新发明之机器电器，以塞门德之房屋，最后请伍星使留其声于其留声机中，伍欣然从命，即就坐向机内言："一千九百零九年十二月二十四号，爱狄生君示我以种种新发明之奇器。余闻爱狄生君大名久矣，知为大人物，渴思一见。即爱君亦闻余名，今得相会，试忍两人之欣快为何如耶？密司脱爱狄生为大制造家，然今日又入二十世纪中，爱狄生君于二十世纪中，又不知将发明几多事件。爱君尚系青年，余甚乐得而观云。伍廷芳。"

> 伍星使语毕，即由机器中传出其音，口吻毕

肖，伍闻之不觉大笑。

伍星使起握爱君之手曰："公曾到过中国否？"爱曰："未。"伍曰："我甚愿公一来中国，我当以燕窝汤饷尔。"爱曰："当从命。"伍曰："幸勿忘二十或三十年后，我当再来视公。我等皆知卫生必能长命。惟二十年后，不知公又将发明诸奇器至何等也。"

根据这篇报道我们可以知道，伍廷芳于 1909 年 12 月 24 日拜访了爱迪生，并由爱迪生录其谈话于留声机中。他可能是有幸于此的第一个中国人。

留声机自发明后，式样不断改进，最晚不超过 20 世纪 20 年代，上海已出现了以音箱取代喇叭的新式留声机。1927 年 7 月号上海《妇女杂志》所登图片显示，当时一种正在推销的留声机已无喇叭。留声机为柜式，上方为留声机的唱盘，下方为一方形大音箱，此时扩音已通过音箱进行了。

 机械计算机

电子计算机于 1946 年发明，而它的前身机械计算机早在 1624 年即已发明，发明者为法国人帕斯卡。当时，这种计算机由 6 个齿轮构成，齿轮上标有从 0 到 9 的数字。按照外侧的标示，齿轮只向一个方向转动。每个齿轮转动 1 周，相邻的齿轮转动 1/10 周，这就是"进位机构"。6 个齿轮可以极为简单地进行 6 位数字的加减运算。由于制作精度低，进位时阻力太大，不能联动，故不能进行数位繁多的计算，但这种计算机的进位原理，为现代计算机的产生奠定了基础。后来，莱布尼茨对帕斯卡的计算机进行了改造，能简单地进行乘除运算。随着机械制作技术的提高，托马斯研制成功实用计算机，这大概是人类历史上第一台实用的自动计算机，以后续有改进，成为人类数学计算的工具。

这种计算机何时传入中国不得而知。可以确知的是，在 1895～1898 年戊戌维新运动期间，谭嗣同漫游全国，至上海，在英国传教士傅兰雅处，曾亲见这种机器，为之惊叹不已。他在致其师欧阳中鹄的信中写道："见算器，人不须解算，但明用法，即愚夫妇，可一朝而知算，勾稽繁隐，无不立得。器中自有数目现出示人，百试不差；兼能将数目印成一张清单送出。此虽至奇，然犹有数可计，推测而致者也。"

信中所述复杂的计算结果可以"立得"，没有误差（"百试不差"），且运算结果能自动显示于纸上，可见当时传入的这种计算器已是历经改进后比较先进的一种。

6 打字机

打字机看上去并不是什么特别精密的机器，但它的发明时间却比较晚，改进又经历了相当长的时间，传入中国的时间则更晚。

至今还很难确认谁第一个提出了打字机的设想。

有一种说法是英国人亨利·米尔在18世纪首先提出来的，但证据不足。比较通行的说法是1820～1840年间，由几个发明家各自独立提出并设计的。其中德国的多里斯男爵发明的打字机，其设计草图至今尚存，有打字键盘，排列着打字杆。美国的巴特和沙巴，法国的普鲁金，也分别设计了打字机。

在他们的基础上，1855年意大利人拉必查，1856年美国人毕奇，以后的澳大利亚人米塔候法相继进行了改进，形成了今天打字机的雏形。到19世纪末叶，在解决了金属材料和加工精度等一系列技术问题后，打字机开始大量生产。

第一台打字机传入中国的时间暂不可考。但我们可以确切地知道，1905年时，中国已经出现了打字机。当年7月5日上海《时报》一篇题为《招雇打字人》的广告写道："本处需用打字司事一名，每月薪银一百两。如愿充斯乏者即到黄浦滩十六号本处三层楼核算处考验。唯须试办一月，再定去留。沪宁铁路管理处白。"广告词中的"司事"，译成现代文即"职员"，"斯乏"即"这个空缺"，"核算处"即"会计室"，不难看出，这是一篇征聘打字员的广告；既求打字员，当然备有打字机。

沪宁铁路是由英国人修筑的，招聘打字员的沪宁铁路管理处，是英国人设立的，可以想见，该处所备打字机是英文打字机。每月付给一个打字员薪水100两，是极其昂贵的工价，可见当时打字员人才匮乏，相应说明当时打字机并不多见。

7 录音机

录音机发明于 1898 年，至今已上百年。对绝大多数中国人来说，见到录音机是 30 年前的事，而人手一台则是近 20 年的事。实际上，录音机在它发明几年之后就已传入了中国，当时主要用于学习外语，特别是口语。

录音机是丹麦人波尔森在 1898 年发明的。当时，他在电话公司工作，他认为，如果使麦克风产生的电流通过电磁铁，再使钢丝在电磁铁上快速拉过，或者使电磁铁在钢丝上快速拉过，就能使钢丝按照声音的频率和音量磁化，从而把声音记录下来，经过试验，他把自己的设想变成了现实。1900 年，他设计的钢丝作磁带的录音机在巴黎博览会获一等奖。现代的磁带录音机与波尔森的以钢丝为磁带的录音机在基本原理上没有本质区别。只不过有两处改进，一是采用了直流或交流偏置法，二是以塑料磁带取代了钢丝磁带。

在波尔森发明录音机前后，中国正处于一个学习外语的热潮之中。

1895 年后，随着中外经济、文化交往的进一步扩大，在上海、天津、广州等得风气之先的通商口岸城市兴起了一个学习外语的热潮，主要语种是英语、法语、日语、俄语、德语、西班牙语。至 1898 年，由于戊戌变法的推动，人们为了解西方，追求西学，学习外语的热情更高。虽然戊戌变法失败，但从 1902 年起新式学校制度确定，许多学校规定外语为必修课；同时，掌握一门外语，求职的门路更广阔，待遇也比不懂外语的人更高。当时，从事传统学问的人，即使是"老成宿儒，品学兼优之辈，而每月修金不过十余元"。与此相对应的是，一些懂外语的学生，刚刚毕业，薪水"少则十余元，多则数十元"。因此，青年人出于择业的考虑，不能不努力学习外语。

适应这种形势的需要，录音机在国外投入使用后，立即传入中国，并且首先是作为外语学习的一种有效工具，而不是欣赏音乐。1906年天津《大公报》有关录音机已运至中国的一则广告说：现新发明一种学语话匣，专备学习各国语言之用，有英、法、德、西四种会话，发音清楚，如听教员亲自授课，现已到津，在日本租界小林洋行专卖。

小林洋行是一家有几十年历史的老牌商号，总行设于日本东京，1906年在天津设立分行。它与欧美许多制造厂商有广泛的联系，推销它们的最新产品，包括录音机在内，所以录音机传入中国，首先是从天津开始的。

当时还没有录音机这一名称，因为主要用于学语言，故称"学话留音话匣"或"学语话匣"。最早传入的这种录音机是什么样子的？有什么功能？

1907年5月14日《大公报》所登的一则配有图片的广告显示，录音机为长方体。大约长30厘米，高10厘米，宽度不详。录音机的顶端有几排按键，可以放音、倒带；通过倒带，可以反复收听某一部分的内容。

关于这种倒带功能，广告词说，"此器又有反复器。或声音偶有遗漏未能审察，可以拓转机关，反复再听"。图片显示，这种录音机配有双耳机，一人正躺在沙发上，戴着耳机，悠然自得地收听。

刚传入中国的录音机是钢丝录音机，20 世纪 40 ~ 50 年代出现了磁带录音机。以后，荷兰菲利浦公司在这种开盘式录音机基础上，发明了盒式录音机，录音机遂定型为今天习见的式样。

六 兵器

 **1 手枪**

手枪是一种单手发射的短枪，是近战和自卫用的小型武器，在 50 米内有良好的杀伤力。按用途可分为自卫手枪、战斗手枪和特种手枪，按构造又可分为转轮手枪和自动手枪。

转轮手枪的转轮上通常有 5 至 6 个弹窠，弹窠既作弹包用又作弹膛用。子弹装入弹窠后，旋转转轮，枪弹可以顺次逐发对正枪管发射。转轮手枪的转轮，装弹时一般从左侧摆出，故通常称为左轮手枪。

早在 14 世纪，欧洲就有了手枪，是一种原始的火门枪。中国在元朝时，士兵作战时已使用手持火铳。这些都是手枪的早期形态。1835 年，美国人塞缪尔·柯尔特发明了现代转轮手枪。这种手枪使用了击发火帽和线膛枪管，功能完善，结构紧凑，尺寸小，重量轻，是世界上第一支可供实用的现代手枪。柯尔特因此被誉为现代转轮手枪的鼻祖。

自动手枪采用弹匣供弹，弹匣一般装在握把内，有的装在扳机的前面。一个弹匣可装 6～12 发子弹，多的可达 20 发。第一支自动手枪是 1892 年奥地利人约瑟夫·劳曼发明的。他在申请专利时，签署的是舍恩伯格兄弟公司的名字，所以这种手枪又被称为舍恩伯格手枪。此后，又有 1893 年德国人发明的博查拉等自动手枪问世。但世界上第一种真正的军用自动手枪，是 1896 年德国制成的 7.63 毫米的毛瑟手枪。

19 世纪末转轮手枪输入中国。清朝的"新建陆军"（简称"新军"）中，许多军官都佩带转轮手枪作为防身用。在清末民初的国内战争中，手枪曾是一种十分重要的武器。例如，辛亥革命时期，新军第九镇起义，革命党人从上海筹集炸弹 1200 枚，手枪 300 支以接济起义新军。二次革命时，柏文蔚筹集手枪 500 支，步枪 3000 支，组成反袁军第一镇，以抵抗北洋军。

自德国于 1896 年制成毛瑟手枪后，各国先后大量生产自动手枪，20 世纪初年，白朗宁、自来得等自动手枪输入中国。

1913 年，金陵制造局开始仿制白朗宁手枪，1916 年，上海制造局也开始仿制。枪身长度有 6 英寸（1 英寸 = 2.54 厘米）、8 英寸两种，以 6 英寸居多，口径 7.65 毫米，可连打 7 发子弹，有效射程 70 米。

自来得手枪分为德造毛瑟十响、二十响自动式驳壳枪两种。前者是半自动式，后者为全自动式并附有单发机。1921 年，上海兵工厂（江南制造局 1917 年改称）开始制造毛瑟十响手枪。山西兵工厂在 20 世纪 20 年代也生产了不少自来得手枪。

② 步枪

步枪是一种单兵肩射的长管枪械，有效射程为 400 米，也可用刺刀、枪托格斗，现代化步枪还可以发射枪榴弹，具有点面杀伤和反装甲能力。

步枪按自动化程度可分为自动和非自动两种，自动步枪又分为半自动和全自动。步枪按用途分类，有普通步枪、卡宾枪、突击步枪、狙击步枪等。卡宾枪是专为骑兵设计的，又称为骑枪，比普通步枪长度短，重量轻。突击步枪兼有冲锋枪的火力猛和步枪的射程远的特点，既能打单发以进行精确射击，也能打连发以进行火力覆盖。狙击步枪是一种高精度特制步枪，一般只能打单发，多配有瞄准镜。

早在 1259 年中国就制成了以黑火药发射子窠的竹管突火枪，这是世界上最早的管形射击火器；后来又发明了火铳——一种金属管形射击火器。14 世纪，欧洲发明了火门枪，后发展为火绳枪、燧石枪等。所有这些早期枪械都是前装滑膛枪，都存在装填弹药费时费力、射程短、射速低、精确度差的问题。为解决这些问题，15 世纪欧洲人在枪膛内刻上直线形膛线，可以更方便地从枪口装入铅丸。16 世纪又发明了螺旋膛线，使弹丸发射出枪膛后，能因旋转而保持稳定的飞行，从而提高了射击精度，增加了射程。到了 1828 年，法国军官德尔文设计了一种枪管尾部带药室的步枪。这种步枪用的是长形弹丸，从枪管前面装入火药，膛线采用螺旋形。这种被称为"德尔文步枪"的枪械，命中率和射程都有了极大的改进，德尔文因此有"现代步枪之父"的美誉。

1835年，普鲁士人德莱赛发明了用撞针撞击弹壳内的起爆药的方法，据此制成了击针后装枪。这种"德莱赛步枪"是真正具有现代步枪特征的枪械。有了这种后装枪，步枪的发展才完成了质的飞跃，成为现代枪械的雏形。这种枪增加了闭锁机，亦称枪闩或枪机，能将子弹推入药室，并退出空弹壳。

第一次鸦片战争中，侵华英军使用的步枪主要是两种前装滑膛枪：伯克式燧发枪和布伦士威克式击发枪，都是当时世界上比较先进的步枪。武器的优良是英军战胜清军的原因之一。19世纪60年代初，清政府向欧美国家购进大批前装步枪，用来装备镇压太平天国的淮军和中外合编的华尔的"常胜军"。这些枪支中不少是世界上较先进的，如英国的博克萨、布伦士威克、洛威尔、卡德特，法国的米涅、德尔文等式前装滑膛枪。1867年起，清政府在各地的一些军工厂开始按照这些枪支的构造进行仿制，其中江南制造局仿制约7000支。1876年以后，因这种前装枪性能落后，停止制造，但军队中仍在使用，直至19世纪90年代才淘汰。

毁杀威力更强的后装枪是19世纪50年代中晚期至60年代初输入的。在1856～1860年的第二次鸦片战争中，英法联军配有英制李恩飞击针后装线膛枪。这种枪1853年刚刚发明，每分钟可发射5枚子弹，命中精度高，是当时世界上最先进的步枪。随后组建的

"常胜军"，也配有这种枪以及普鲁士制击针后装线膛枪。1867年，江南制造局开始仿制美式林明敦边针后装单发枪，口径13毫米，枪长（除刺刀）1.86米，射程1000米。因射击时常走火，清军不愿使用，1886年停止生产。另外，江南制造局还仿制过11毫米口径的美式单发黎意后膛枪，至1892年因使用效果不好，停止生产，共仿制2000支。

后装枪虽比前装枪性能优越，但发射时仍需将子弹逐粒装入枪膛，射速受到限制。19世纪60年代，欧美国家在后装单发枪的基础上研制了连发步枪。80年代，这种新式步枪大量输入中国，主要有美国的黎意五连发枪、温彻斯特十七连发枪和法国的哈齐开斯五连发枪。1890年，江南制造局仿制成中国第一种连发枪——五连发快利枪，可击穿7毫米厚的钢板和13.2厘米厚的木板。1882年，经改进后，这种枪射速达每分钟22~25发。当年进行成批生产，产量460支，1893年又制成578支，因性能不错，产量逐年上升，到1898年年产量达1980支。在生产快利枪的同时，江南制造局已开始仿制性能更为优良的德制1888年式毛瑟枪，福建、四川、湖北、广东等地兵工厂也相继制造。以后，德国对毛瑟枪每有改进（如1898年式、1904年式），国内兵工厂必有仿制品，其中以江南制造局最多。至1904年，江南制造局共仿制毛瑟连发枪1.1万支。

步枪发展至连发后，人们进一步研究它的自动化问题。1908年，墨西哥孟德拉刚将军制成自动化步枪。

六
兵器

133

1915 年，汉阳兵工厂试制成五连发的自动步枪，但未大量生产。抗日战争时期，国民党军队美械装备师配备有美制 M1 式半自动步枪和 M2 式卡宾枪。

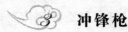

3 冲锋枪

冲锋枪是一种介于手枪和机枪之间的武器，双手握持连发枪弹，便于突然开火，射速高，火力猛，适用于近战和冲锋，200 米内有良好的杀伤力。

冲锋枪发明于第一次世界大战期间。1915 年意大利人列维里设计了发射 9 毫米手枪弹的双管自动枪。这种枪射速极高，达每分钟 3000 发，精确度很差，较笨重，不适用单兵使用，但它是现代冲锋枪的雏形。1918 德国人斯迈塞尔设计了 9 毫米 MP18 冲锋枪，它具有适合单兵使用、火力猛的优点，和射程近、精度差的缺点，不久，它的改进型问世，成为世界上最早的具有实用价值的冲锋枪，并装备了德国陆军。第二次世界大战中，冲锋枪得到了迅速发展，出现了各种型号。

广东兵工厂从 1923 年起，开始仿制美式汤姆森冲锋枪。山西兵工厂从 1926 年起仿制，并设立专厂，大批生产，并定枪的口径为 11.25 毫米，与该厂生产的自来得手枪口径一致，以便使用同一种子弹；枪长 855 毫米，重 4.87 公斤，配有 20 发的弹匣与 50 发的弹盘。

在 20 年代，上海、南京、汉口、沈阳、广州等地兵工厂还仿制了法国的柏格门冲锋枪。这种枪口径

7.65 毫米，长度 820 毫米，射速每分钟 500～600 发
子弹。

 ## 4　机枪

　　机枪又称机关机，是一种带有枪架或枪座，能连发
射击的自动枪械，通常分为轻机枪、重机枪、通用机枪
（亦称两用机枪）、大口径机枪，常见的是前两种。

　　重机枪的发明早于轻机枪。

　　中国早在 1598 年就由赵士祯发明了多管的迅雷
铳，类似近代的多管式机关枪。1862 年，美国人加特
林发明了手摇式多管机枪，曾用于美国南北战争，70
年代后为各国所采用。1884 年，南京的金陵制造局曾
仿制这种机枪，称为"十门连珠炮"，有枪管 6～10 支，
口径 11 毫米，射速每分钟 350 发，射程约 2000 米。

　　多管机枪是单管机枪的前身。1883 年，英国籍的
美国人马克沁开始设计枪管后座的自动装置，1887 年
设计成功以他的名字命名的马克沁机枪，这是世界上
最早的单管重机枪，为美、英、德、俄等国军队相继
采用。不久，法国人哈斯开斯研制出以他名字命名的
重机枪。

　　重机枪研制成功后，曾在 1900 年八国联军侵华战
争和 1904 年在中国国土上进行的日俄战争中使用。但
清朝时期很少仿制。据说李鸿章出访伦敦时，观看了
马克沁机枪射击表演，当他问及枪的性能时，得知每
分钟射弹 600～700 发，价值 30 英镑，李说："这种枪

耗弹过多，太昂贵了，中国不能使用。"一种武器如果不是普遍使用，购买要比自制合算。因此，清代虽有个别兵工厂仿制过马克沁机枪，但清军使用的重机枪主要是进口的。

从 1914 年起，中国开始生产重机枪。其中水冷式的三种：马克沁机枪、石瓦兹机枪、三十节机枪，所谓水冷式是指，枪管的外面装有储有冷水的套筒，容水量 4 公斤，如筒内无水，即不能发射，因此作战区域（如无水地区、严寒冰冻地区）受到限制；但水冷式散热快，可多发射子弹，少换枪管。另还生产气冷式重机枪一种，即哈斯开斯机枪。

轻机枪是 1902 年丹麦人麦得森发明的，用他的名字命名，重量较轻，携行方便，既可卧姿抵肩射击，也可立姿式行进间射击，故俄国、荷兰、瑞典、挪威曾相继采用为骑兵机枪。第一次世界大战时，参战国普遍作为步兵武器。

中国最早在 1908 年仿制过麦得森机枪，口径 8 毫米，1915 年东南制造局也仿制过口径 7.9 毫米的哈斯开斯轻机枪。20 年代后开始大量生产轻机枪。其中，金陵机器局从 1922 年起仿制法国绍沙轻机枪，沈阳兵工厂从 1924 年起仿制日本大正十一年式轻机枪。中国生产最多的是捷克式轻机枪。这种枪 1912 年由奥地利人发明，因在捷克的兵工厂生产而得名。中国自 1925 年起开始大量生产。枪口径 7.9 毫米，枪管长 602 毫米，枪重 9 公斤，射速每分钟 240 发。从 1937 年起，国民党各部队开始装备这种机枪。

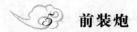

5 前装炮

前装炮是从炮口向膛内装弹的火炮，有滑膛和线膛两种。19 世纪中叶前，中外火炮都是前装滑膛炮，大部分发射实心球形炮弹，部分火炮也发射球形爆炸弹、霰弹和榴霰弹。

从 19 世纪 60 年代起，中国开始购买欧美国家的前装炮，因为相比之下，这些火炮金属质量好，炮弹内的火药性能优良，毁杀威力远大于中国传统的火炮。从 1868 年起，开始仿制这些前装滑膛炮，主要有加农炮、榴弹炮和臼炮。

加农炮是一种身管长，弹道低伸的火炮，炮身长度通常为口径的 40 倍以上，射角不大于 45°。炮的大小是按炮弹的重量区分的，大的炮弹重百余磅以至几百磅，小的重几磅至十余磅。清朝从英、法等国输入和仿制的大多是炮弹重量为 12 磅、24 磅、32 磅的加农炮。其中，12 磅的一般用于野战，24 磅和 32 磅的用于攻城以及装备要塞或军舰。

榴弹炮是一种身管较短、弹道较弯曲的火炮，炮身长度通常为口径的 15～30 倍，现代榴弹炮也有为口径的 30～45 倍的，射角较大，最大可达 75°，炮弹的落角也大，杀伤和爆破效果比较好。

臼炮炮身最短，一般为口径的 6～12 倍。发射时固定于 45°，用加减装药来决定射程的远近。如 18 磅炮用火药 3 两多，射程达千余米，一般用于攻城或装备在军舰上，也可用于野战。由于炮身短，重量轻，因而运动灵便，并有射程较远、杀伤力大等优点，但命中精确度较差。

清朝时对这些输入并仿制的前装滑膛炮并没有科学而固定的名称，一般是按照炮的毁杀力和炮身的形状来称呼的。清朝所称的长炸炮、劈山炮、开花炮，大致指的是加农炮和榴弹炮，短炸炮、田鸡炮、硼炮或天炮，指的是臼炮。

清代生产前装滑膛炮的主要是江南制造局，另金陵机器局也制造过一些，其他兵工厂虽也仿制过一些，但数量少，质量差。另外，在1900年前，中国还曾仿制过一些前装线膛炮，主要有：野战用的12磅前膛来复炮、9磅快炮；要塞用的阿式40磅前膛快炮，120磅、150磅、180磅大炮等。

6 后装炮

后装炮是从炮管后部装填炮弹的火炮，它克服了前装炮的许多缺点，使火炮性能发生了重大变革。

前装炮的主要缺点是：为了装填炮弹的方便，大炮口径必须略大于炮弹，炮弹与膛壁之间留下的空隙，导致火药燃烧时气体有一部分外泄，从而影响射程和命中精确度。1846年，意大利少校卡伐里发明了后装炮。他使炮闩、药室和线膛三者结合，实现了炮弹从后装填。1845年，英国人阿姆斯特朗将他过去创制的以他名字命名的一种前装炮进行改进，研制成新式阿姆斯特朗后装炮。1855年德国火炮专家克虏伯制成精良的后装钢炮，其性能使拿破仑三世惊讶不已，后发展成后装全钢克虏伯式层成炮和装箍炮，后装炮问世后，前装炮渐归淘汰。

19世纪70年代起，后装炮陆续输入，包括要塞炮、舰炮、陆路炮和过山炮，主要式样有阿姆斯特朗式、克鲁森式和克虏伯式。1884年，金陵机器局仿制成克鲁森式37毫米口径2磅弹后装线膛架退炮；1887年，江南制造局仿制成阿姆斯特朗式要塞用后装炮；1894年汉阳枪炮厂仿制成克鲁森式37毫米、53毫米、57毫米口径的架退山炮。

后装炮分架退炮和管退炮两种，前述各炮都是架退炮。管退炮比架退炮更先进，它的特点是发射炮弹时，炮架本身不后座，只是炮管在炮架上后座一定的距离，再次发射时，炮管仍可回到原来的位置，因此命中精确度提高，射速加快。1897年，法国制成最早的管退炮，俄、美、奥、德、日等国纷纷仿制，架退炮开始被淘汰，火炮进入了管退炮的时代。

1905年，江南制造局仿制成克虏伯式75毫米后装管退山炮，这是中国自制的第一尊管退炮。该炮口径75毫米，炮身长1.05米，炮身重250磅，连同各种附件全炮重864磅，射速每分钟10~20发，射程4000米。试用后，性能良好，于宣统年间（1909~1911年）大批生产。

民国时期，各地兵工厂制成的管退炮有：仿日本的民10年式75毫米山炮、民13年式75毫米野炮，仿奥地利的77毫米野炮、150毫米榴弹炮。

7 坦克

坦克是现代战车的一种，是结合汽车和装甲车的特点的全装甲、有旋转炮塔和武器的履带式战斗车辆，运动速度快，装甲防护力强，具有强大的突击力，按重量分为轻型、中型、重型 3 种。

中国早在公元前 1000 多年就有了战车，西周和春秋时代是战车最盛时期。步兵、骑兵兴起后，战车渐废，秦汉后偶有使用。到明代，因用火器装备于车，以抵御敌方骑兵的奔冲，战车一度又兴起，后渐演变为"行则载负粮械，止则环作营卫"的辅助性武器了。

到了 20 世纪初，欧洲人开始设计现代战车。俄国的门捷列夫、英国的英尔、奥地利的布尔施泰先后提出了坦克的设计方案。1915 年，英国海军部试制出坦克样车，1916 年投入生产，定名为 I 型坦克，这是世界公认的最早的坦克。这种坦克呈菱形，分"雄性"和"雌性"两种。"雄性"装有 2 门 57 毫米火炮和 4 挺机枪，"雌性"仅配有 5 挺机枪。I 型坦克重 2.8 吨，装甲厚 5～10 毫米，时速 6 公里。第一次世界大战期间，英、法、德等国共制造了近万辆坦克，并投入战场，这些坦克一般重 10 吨以下。到第二次世界大战时，坦克装甲加厚，火力加强，运动性能加大，最重的达 50 吨以上，这一时期著名的坦克有：苏制 T－34 中型坦克，KB 重型坦克，德制"黑豹"式中型坦克，"虎"式重型坦克，美国 M4 中型坦克，英制"丘吉尔"步兵坦克，"克伦威尔"巡洋坦克，日制 97 式中型坦克。

在 1929 年前，中国军队已开始使用坦克。但数量不多，1930 年开始建立坦克部队，装备意大利制造的菲丝特式超轻型坦克。这种坦克重 3.85 吨，装甲厚 5～12.7 毫米，配有机枪 1 挺，一般时速 21 公里，最高达 41.8 公里；攀坡能力为 45°，跨越宽度 1.89 米，超越高度 73 厘米，涉水深度 55 厘米，由两人操纵。

抗日战争初期，国民党的装甲部队配有少量德制轻型坦克和苏制 T－26B 式坦克。T－26B 式坦克由 3 人操纵，重 9.5 吨，配有防坦克炮 1 门，机枪 1 挺，装甲厚度 6～16 毫米，时速 20 公里，最高达 40 公里。

抗日战争结束后，国民党军队接收了日军的一批轻型坦克，又从美国输入一批 M3A3 式轻型坦克。这种美制坦克由 4 人操纵，重量为 14.2 吨，配有防坦克炮 1 门，机枪一挺，时速 32 公里，最高时速 48 公里，攀坡能力为 30°（装爬齿后为 45°），跨越宽度 2.13 米，涉水深度 1.2 米。

8 舰艇

舰艇是装有专用武器，担负直接作战任务的船只。从 19 世纪 60 年代起，舰艇已经输入中国，主要有以下几种。

巡洋舰 巡洋舰是一种有多种作战能力，主要在远洋作战的大型水面战斗舰艇。其满载排水量为 5000～30000 吨，仅次于航空母舰和战列舰，最大航速

20～25 节。巡洋舰作为一个舰种出现于 19 世纪中期。在此之前，有些国家把排水量 300～750 吨位、主要用于巡道和护航的风帆快速炮舰称为巡洋舰。19 世纪初，也有国家将明轮巡航炮船称为巡洋舰。近代意义上的巡洋舰最早出现于美国南北战争时期。当时，北方军队建造了一种新式装甲舰，舰体露在水面部分很少，船舷吃水线以上裹有 5 层装甲，甲板旋转炮塔也有装甲，这就是巡洋舰，也称装甲巡洋舰。后来出现一种水平装甲巡洋舰，它船体水线部分不装船舷装甲，只在甲板上安设装甲。

中国从 19 世纪 80 年代起开始向欧洲国家购买巡洋舰，分配给南洋水师和北洋水师，其中分配给南洋水师的南琛号、南端号，是 1883 年从德国购买的，排水量均为 1905 吨位，马力各为 2800 匹，速度 13 节，各配有 13 门炮。北洋水师拥有 10 艘巡洋舰，除平远号为福州船政局制造外，其余分别是向德国和英国购买的。其中定远、镇远号二舰，是装甲炮塔巡洋舰，排水量均为 7335 吨，马力 6000 匹，速度 14.5 节，乘员 331 人，配有 22 门炮、3 具鱼雷发射管，不仅是当时远东地区最大的军舰，也是中国近代吨位最大的水面战斗军舰。北洋水师的巡洋舰被分编为中军（致远、靖远、经远）、左翼（镇远、来远、超勇）、右翼（定远、济远、扬威）三路，另有炮舰、鱼雷艇、练习舰、运输船构成后军。以巡洋舰为主力的北洋水师是中国海军的主力，加上南洋水师、广东和福建水师，中国海军舰艇总吨位在 1888 年时曾超过美国，居世界第

八、亚洲第一，为全球所瞩目。

晚清著名的兵船制造厂福州船政局从 19 世纪 80 年代初开始仿制外国的早期巡洋舰，当时称巡海快船，1883 年 1 月 11 日下水的开济号，是中国自制的第一艘巡洋舰，由留学生杨廉臣、李寿田、魏瀚等人设计制造。该船排水量 2200 吨，马力 2400 匹，相当于外国的早期巡洋舰，造成后拨归南洋水师使用。1888 年 1 月 29 日，福州船政局又制成龙威号装甲巡洋舰，这是中国自己制造的第一艘正式巡洋舰。该舰排水量 2100 吨，长 60 米，宽 12 米，船速 14 节，最大装甲厚度 203 毫米（钢甲），装备 260 毫米舰炮 1 门，120 毫米舰炮 3 门，连珠炮 4 门，鱼雷发射管 2 具。1889 年 12 月交付北洋水师使用，更名为平远号。

进入民国以后，国民党海军也从外国购买过几艘巡洋舰。其中重庆号重型巡洋舰于 1949 年起义，后被国民党空军炸沉于长江。

驱逐舰 驱逐舰是一种具有多种作战能力的中型水面战斗舰艇，排水量 3500 ~ 8500 吨，航速 30 ~ 35 节。现代驱逐舰的武器配备以导弹、鱼雷为主，并配有 130 毫米口径以下的舰炮多门，以及 1 ~ 2 架舰载直升机。主要任务是攻击潜艇及水面舰艇，舰队防空，护航，巡逻，布雷，袭击岸上目标，支援和掩护登陆。

驱逐舰是适应反鱼雷艇的需要而出现的，19 世纪后期，鱼雷艇曾对大型舰艇构成严重威胁，一些国家开始研制反鱼雷艇的新舰种。1893 年，英国建成哈沃克号和霍内特号鱼雷艇驱逐舰，排水量 240 吨，舰长

54.8 米，宽 8.48 米，舰速 27 节，装备舰炮 4 门，鱼雷发射管 3 具，这是世界上最早的驱逐舰，当时有的国家称之为雷击舰。以后各国相继仿制。至第一次世界大战前夕，英、德、俄、法、美、日等国共建造驱逐舰过 600 艘。

福州船政局于 19 世纪末 20 世纪初曾建造两艘驱逐舰，当时称鱼雷快舰。其中，建威号驱逐舰于 1899 年 1 月 29 日建成下水。全船以钢槽为肋，钢板为壳，船桅、船机、锅炉及配件皆以钢制成，配有电灯、新式暖气炉、电风扇等新式设备。该船长 86 米，宽 8.83 米，吃水 3 米（船头），排水量 850 吨，航速 23 节，配有 100 毫米口径的快炮 1 门，65 毫米快炮 3 门，37 毫米连珠炮 6 门。建安号于 1899 年 3 月 3 日动工，1900 年 3 月 3 日建成下水，舰型、功率及大部配备与建威号一样。两舰建成后，均拨归南洋水师，于 1903 年试洋，证明性能良好，"速力较大，可捉获鱼雷艇"。

1930 年 11 月，建安号经江南造船所改造，排水量增至 1050 吨，添置长波无线电机，改名大同号。1931 年 1 月，建威号经改造后，改名自强号，两舰均编入国民党海军服役。此外，国民党海军还从国外购买了若干艘驱逐舰。

鱼雷艇　鱼雷艇是以鱼雷为主要武器的小型高速水面战斗船只，主要用于近海岸区作战。1877 年，英国最先研制成闪电号鱼雷艇。随后，法、俄等国加紧仿制。1878 年，俄国的刀什梅号和锡诺普号鱼雷艇击沉土耳其军舰，在世界海战史上首创鱼雷艇击沉军舰的战例，引起各国对鱼雷艇的重视。

19世纪末，清政府从英、德等国购进一批鱼雷艇，其中4艘拨归南洋水师，均为1895年的德国产品，排水量60～90吨，马力700～900匹，航速16～18节。拨归北洋水师使用的有13艘，船速15～23节，装备有2～6门火炮，1～3具鱼雷发射管。1902年，福州船政局制成建翼号鱼雷艇，船长28.6米，宽3.3米，排水量50吨，功率550匹，航速21节，造价2.4万两，装备有60毫米快炮2门，鱼雷发射器1具。

国民党海军也从国外购买并建造过一批鱼雷艇。1937年8月16日，史102号鱼雷艇以2枚鱼雷重创日本海军第三舰队旗舰出云号，是为中国近代海战史上鱼雷艇较为出色的一次战绩。

炮舰　炮舰是一种以舰炮为主要武器，在近岸海区活动的战斗舰艇，用于巡逻、护航、布雷和对岸射击，支援登陆部队作战等。19世纪末，炮舰曾泛指规模小于巡洋舰、装有舰炮的各种军舰。20世纪以来，由于驱逐舰、护卫舰和鱼雷艇的发展，炮舰的作用逐渐被各类专门舰艇所取代。

从19世纪60年代起，清政府从国外购买并自己制造了许多炮舰。其中，福州船政局制造，1872年下水的扬武号，排水量1560吨，马力1130匹，航速12节，载炮13门。江南制造局制造，1873年下水的海晏号、1875年下水的驭远号，排水量均为2800吨，马力1800匹，航速12节，配炮各为20门、18门。而北洋水师从英国购入的炮舰，一般规模较小。其中镇东、镇西、镇南、镇北、镇中、镇边 6 艘炮舰，排水量均为 440 吨，马力 350 ~ 400 匹，航速 8 节，载炮 5 门。国民党海军也从国外购买了许多炮舰。

9 雷达

雷达是利用电磁波传播与反向原理发现目标并测定其位置、属性和运动参数的电子设备。雷达与其他探测目标的技术装备相比，具有发现目标远、测定目标坐标速度快、测距精度高、能全天候使用等特点，因此在警戒、引导、武器控制、侦察、航行保障、气象观测、敌我识别等方面得到广泛应用，是现代化武器装备的重要组成部分。

雷达按其使命可区分为对空情报雷达、对海警戒雷达、对地侦察雷达、机载预警雷达、弹道导弹预警雷达、火控雷达、航行保障雷达、气象雷达等。按架设位置可区分为地面雷达、机载雷达、舰载雷达、导弹载雷达、航天雷达、气球载雷达等。按工作段可区分为米波雷达、分米波雷达，厘米波雷达、毫米波雷达等。

现代雷达除了作为独立的装备系统存在外，还有一些是作为其他武器系统的雷达分系统而存在的，如机载雷达、舰载雷达、炮瞄雷达、制导雷达等。

雷达发明于 20 世纪 30 年代中期。1936 年，英国人 R. A. 沃森与瓦特设计的"本土链"对空警戒雷达投入使用，这是世界上最早的一部实用雷达。该雷达频率为 22 ~ 28 兆赫，对飞机的探测距离可达 250 公里。1938 年，英国又研制出最早的机载对海搜索雷达。同年，美国海军研制出最早的舰载的警戒雷达，安装在纽约号战列舰上，对飞机的探测距离为 137 公里，对舰艇的探测距离大于 20 公里。在此期间，苏联、德国、日本等国也研制出不同类型的雷达。到 40 年代，出现了微波雷达。

国民党政府在抗战胜利以后，曾经接收了一小批日本 4 式、313 式等旧式雷达，又购买了一批美国在第二次世界大战中用过的雷达，并成立了"南京雷达研究所"。1949 年，该所起义，全部人员和装备移交给中国人民解放军。

民国时期长期从事教育的陈邦贤在《自勉斋随笔》中曾记述他参观雷达的感受。他写道："教育部和中央研究院合请萨本栋博士在中大的大礼堂讲演雷达，并助以幻灯和电影，讲完之后并参观雷达的试验。雷达是一个最新的兵器，那名称是美国杜克上校所定的。它的构造有收发器、高能力发波器、吸收器和记振器四部。它是根据短波无线电的原理所造成一种无线电的新兵器。它的功用，能不分明暗昼夜，都能明察事物，在空中并能透过云雾探视下面的城市、海港、河流、桥梁和地面上的建筑街道。它能探视远到 20 里外的海上浮标、礁石和船只，其他如炮弹、炸弹的爆裂，军舰、飞机的航行，都能利用它侦视和探索。"

陈邦贤的这本书是 1947 年出版的，这说明当时一些教育界人士已见到了雷达，并对这种最新武器有了初步的了解。

七 电器及其他

 电灯

1879 年美国科学家爱迪生发明了电灯。这项发明与西门子发明电机、贝尔发明电话，共同构成了人类迈向电气化时代的三大发明。

电的发明引起科学界注意后，许多人开始探索如何利用这一新能源使黑夜变成白昼。1809 年英国人戴维发明了用电弧光照明的电弧灯，并试图用电流通过白金丝所产生的光来照明，但在空气中，白金丝很快就熔化了。到 1879 年，许多科学家为研制电灯花费了大量的心血，并已基本解决了灯泡内的真空问题。这时，爱迪生的研究刚刚起步。1879 年 10 月 1 日，他在《科学的美国人》杂志上看到有关英国人万斯用坚韧的碳丝做灯丝的报道，受到启发，并于当年获得成功。

两年多以后，电灯便传到了中国。

1882 年 4 月，外国商人在上海创办了上海电光公司，试办电灯。6 月 1 日在吴淞炮台首次点燃电灯。7 月 26 日，轮船招商局码头、外滩公园及一些洋行，都

安上了电灯，照夜如昼，观者如潮。到当年 11 月，上海已有几十处地方安装了电灯，初放光芒的电灯已成为上海的一个夜景。以后，随着电灯的普及，上海有了"不夜之城"的称号。

电灯发明后虽然很快传入中国，但普及很慢。除了社会因素外，就电灯这项新发明自身的弱点而言，主要是当时的输电技术不过关。电灯最早使用的是直流电，输电时耗损大，发电容量和输电距离都很有限。1888 年，爱迪生的助手特斯拉和威斯汀豪斯分别制成交流电动机和变压器，与早先已发明的交流发电机相接，建成交流电传输系统，解决了电灯的供电问题。

中国最早使用电灯的是外国驻华机关和洋行、清朝各级政府机构以及王公大臣的府邸。1889 年初，电灯传入北京，在东交民巷台基厂东边的外国人公寓试用。灯火通明，如星月落入人间，远近前来围观的人把公寓大门外堵得水泄不通。总理衙门派了不少官员前往观看。80 年代末 90 年代初，许多王公府邸首先安装了私家电灯，如醇亲王府、满族大员瑞麟的府邸，以及慈禧常住的颐和园。

清朝统治者常以"奇技淫巧"一词斥责外国的新技术，从观念上禁止中国人接受外国科学技术，但在享用外国新技术以改善私人生活方面他们却常常走得比谁都快。到 1896 年，北京电灯最多之处，不是政府机关，不是繁华街道，而是慈禧"颐养天年"的颐和园。为供慈禧享乐，当年颐和园内安设了 3 台发电机，

竖起了 3 座大烟囱，每座高 4 丈多。园内共安设电灯
200 余盏，遍布各游廊、殿堂，每晚点灯时，光华耀
目，湖山通明。使用的电工，仅管理发电机的就有 30
多人。

电灯在各城市的推广主要始于戊戌维新时期。戊
戌时期大倡西学，使中国人的观念比洋务运动时期大
进一步，更乐于接受西方新事物。1897 年，杭州一位
姓陆的有秀才身份的商人创办了杭州电灯公司，为各
商号和住宅安装了 4000 余盏电灯。随即，湖南巡抚陈
宝箴，命当地宝善成公司创办电灯，首先在巡抚衙门
试点，至 1898 年初推广到长沙各学堂、报馆和店铺。

电灯的推广普及，阻力不小。首先，资金不足，
买不起好的发电机，影响电灯的亮度。杭州电灯公司
开办初期，所经营的 4000 余盏电灯彻夜通明，一个月
后，已昏暗如油灯，用灯者要求退款，其他想用电灯
者也望而却步。广州的电灯公司，在 1890 年就已经创
办，直到 1897 年，所购买的发电机仍只能维持 800 盏
灯的用电量，而且灯光昏暗，与邻近的香港的明亮电
灯形成鲜明对照。即使有了资金，电灯的推广仍属不
易。架电线需立电线杆，城市内街道大都狭窄，竖立
电线杆后，大大影响交通，遭到许多人的反对。杭州
电灯公司本来已决定委托上海信义洋行代为招股，向
德国著名的西门子厂订购优良发电机，重新整顿，扩
大规模，但杭州居民因电线杆有碍通行，纷纷要求锯
掉，以致杭州知府不敢批准电灯公司的新规划。

湖南地处内地，比浙江闭塞，扩展电灯阻力更

大。电灯一传入中国，迷信之人便有种说法，说使用者必将遭雷击，一时谣言纷传，人气汹汹。电灯使用交流电，于是又有"点灯危险"之说。湖南在推广电灯时，恰遇一家绸庄学徒因触电身亡，于是人们更不敢用电灯。此外，煤油灯的使用这时已经比较普及，电灯远比油灯亮，电灯的推广必然阻碍煤油的销路，于是湖南的煤油商联合起来，宣布本行业之人，一律不得使用电灯。湖南的情况，应该说在各省都有一定的普遍性。

对外洋新事物闭目塞听的封建顽固派则对电灯的使用深恶痛绝，以致到了荒谬可笑的地步。1900年春，北京电灯公司铺设电线杆至台基厂南口，施工人员运送电线杆经过顽固派大臣徐桐宅邸，徐桐唆使打手数人出门阻拦，绝不许电线杆经过他的门前。运送人员略加申辩，打手便奋拳殴击，工匠一哄而散。

尽管有种种阻力，到1911年清政府倒台前，全国大部分省城，特别是沿海省城，都已安装了电灯。例如，天津在1901年电灯已安到许多商店，不少客栈以具备电灯招徕旅客。厦门于1905年，福州、宁波于1906年都已安装电灯。山东省城济南于1904年底试办电灯，首先安设于各官立学堂，1905年烟台有了电灯。东三省比东南沿海城市稍晚。吉林省城的电灯业务几经周折，于1909年开办，当年农历正月十五日首先在吉林巡抚衙门试点。黑龙江于1910年底有了电灯。在内地，河南开封于1911年春安设电灯，有8瓦、16瓦、25瓦3种灯泡。

电灯的收费标准各地大同小异。例如，1905 年时，北京的 8 瓦灯每月收电费 1.45 元，16 瓦 2.90 元，32 瓦 5 元。1911 年河南的收费标准分为两种。一种是点到半夜 12 点的，一种是点通宵的，其中点半夜的，8 瓦收费 0.70 元，通宵 1.40 元，与北京的 8 瓦差不多。按当时的国民收入，这个价格绝不是普通人所能承受的。此外，使用电灯者还要交安装费，1906 年天津的安装费是每盏灯 8 元，主要是用于支付架设电线的费用。

清末已有电表，使用者主要是一些用灯较多的单位。电表可向电灯公司租用，大号电表每月租金 1.25 元；小号的 0.75 元。用电价格为每度电 0.35 元，多用者价格从廉。

中国电力事业从 20 世纪 30 年代起步入快速发展时期，电灯也相应得到普及。以广州为例，1890 年美国华侨黄秉常、李荣帮集资 10 万元创办广州第一家电灯公司，从美国购入 100 马力发动机两台，1000 伏交流电机两台，并请美国工程师主持技术工作，共装电灯 700 盏，7 年后仅增加至 800 盏灯。经过 30 年代的发展，1940 年广州的电灯用户已达 11218 户，1946 年更猛增至 55693 户，1949 年达到 69909 户。

电灯不仅为住户带来了光明，也为夜行人带来了方便。中国过去没有路灯，夜幕降临，仅店铺在自家门口挂起灯笼，照亮一隅之地。煤气灯输入后，大中城市开始有了路灯。电灯传入后，通衢大道很快以电灯取代煤油灯，而将煤油灯移至黑暗一片的胡同里弄。

由于居民缺乏公德，毁坏路灯事屡屡发生，官方不得不出面严禁。1906 年北京巡警厅的通告规定：折毁电线杆者，赔银三两五钱；折毁电线杆连带损毁电线者，赔银二十两；破坏路灯泡者，赔银二两；连带损坏灯罩者赔银六两。如此严厉的罚款，足以使毁坏路灯被逮者倾家荡产，破坏路灯之风稍杀。

电扇

最早有关电扇的记载，见于清人葛元煦的笔记《沪游杂记》。其中写道："外洋所制自来风扇，以法条运轮齿，鼓动折扇，不烦人力。置诸案头，微风习习，最可人意，惜为时不久，法条一转，不及一刻耳。"

此书是 1876 年写成的，可见在此之前，上海已有电扇了。与今天的电扇不同，当时刚传入的电扇不是用电力驱动的。葛元煦书中所说"以法条运轮齿"一语，"法条"即为"发条"，可见是用机械力驱动的，所以风扇转动时间不长，发条走完了，风扇也停止转动了。可以说，这是一种电扇的雏形，只要有了电力，就可改制成电扇。

19 世纪末，随着电的应用于中国各大城市，真正的电扇也开始流行。除外国人以及与他们打交道的中国富商外，清朝统治者是最早享用这种外国消费品的社会阶层。1905 年时，慈禧常住的颐和园内，已安设了多部电扇。可能是因为质量粗糙，这些电扇"时常不能用，必须随时修补"。为此，有电气技师专门值班，一旦电扇停转，立即修理。此人"每月薪水颇巨"。

1906 年时，上海、天津等地的一些大戏院、著名茶馆也安设了电扇以招徕顾客。当年 12 月 8 日开张的中国第一家电影院——天津的"权仙电戏园"以"座位雅洁，电灯、电扇极为爽便，与众戏园不同"而别具一格。

到 1908 年时，电扇出租业务已经出现。当年经营这项业务的天津电车电灯公司（外国人所办）规定：每部电扇每月租金 2.50 元。电扇一年只用几个月时间，租一部电扇使用显然是值得的。

电梯

电梯是从升降机演变来的。人们推测，古埃及人在建造金字塔时，为了将巨大的石块运到相当的高度，可能使用了升降机。17 世纪时，欧洲人发明了一种机箱为椅子形的升降机，以免王室贵族爬楼之苦。19 世纪前半叶，升降机在向高空运货中已使用得比较普遍。1854 年，美国人奥克斯研制成功升降机的安全装置，在纽约的水晶宫展览会上公开演示，使人们对升降机的安全性产生深刻印象。4 年后，奥克斯在一座楼房内安装了世界上第一部供人乘用的升降机，从而使升降机与现代的电梯衔接起来。电发明后，1880 年，德国西门子公司制成了第一部电梯。1891 年，第一部有实用价值的自动扶梯也被研制出来。

电梯是随着中国高层建筑的出现而传入的。

20 世纪初，由于工商业的发展和人口向城市集中，中国沿海城市成为高地价地区，迫使人们集约利用土地，建筑向空中发展。20 年代之后，在天津，商业区内的建筑一般都是 3 ~ 5 层，劝业场和中原公司（今天津百货大楼）为 6 ~ 7 层，渤海大楼、利华大楼达到 9 ~ 10 层，成为近代天津的最高建筑。华南最大城市的广州，建筑物高度超过天津，爱群大厦达到 15 层。上海更是远东地区高层建筑的王国。1929 年，具有现代派风格的华懋公寓（今锦江饭店北楼）落成，高达 13 层。1934 年毕卡迪公寓（今衡山宾馆）、百老汇大厦（今上海大厦）、国际饭店 3 座高楼拔地而起。其中国际饭店有 24 层（地下两层），总高度 83.8 米，高度称雄远东 30 年。整个 30 年代，上海共建成 28 幢 10 层以上的大楼。

高层建筑离不开电梯设施。1902 年，上海外滩的华俄道胜银行大楼首先安装了电梯，继之而起的是上海南京路上的汇中饭店（今和平饭店南楼），这两部最早的电梯都是从英国进口的。1934 年 11 月 19 日破土动工的上海大新公司，在国内最早使用了两座自动扶梯，另有 8 座美国奥的斯平式快速电梯，从地下室可迅速直达 10 层的顶楼。现代化的设置帮助它在 1936 年开业后跻身上海四大百货公司之一，并后来居上，成为上海百货业的魁首，演变为今天的上海第一百货公司。到 30 年代末，上海、广州、天津的许多高层建筑中都已安装了电梯。

4 洗衣机

　　世界上第一台洗衣机是美国宾夕法尼亚州的汉密尔顿·史密斯于 1858 年发明的。这台洗衣机的原理是模仿搓衣板，机内有一个捣衣棒，用手转动机身侧面的一个曲柄，转动捣衣棒。电力应用普及后，洗衣机用马达代替手工，到 1912 年，世界上几乎所有厂家制造的洗衣机都是电动的了。

　　早期洗衣机内的洗涤桶是木制的，后渐渐采用铜、钢、铝等金属，到 1961 年，几乎所有的洗衣桶都改用搪瓷，以耐受洗衣粉的腐蚀和各种不同的水温。

　　洗衣机中的搅拌器是 1922 年发明的，甩干机是 1930 年制成的，全自动洗衣机是 1937 年出现的，把洗涤和搅拌结合成一体的洗衣机是 1953 年上市的。

　　第一台洗衣机何时传入中国不详。但是有材料证明，在 1878 年，英国人曾在上海开设了一家"上海机器洗衣局"，创办资本 5460 两。如果说仅凭这一条材料还不足以说明这家洗衣局是用洗衣机洗涤衣物的，那么下面的一则广告可以明确无误地告诉人们 1900 年上海的洗衣房已用洗衣机在为客户服务了。

　　广告载于 1900 年 11 月 23 日的《中外日报》。广告词如下："启者。本公司厚集资本，在外洋定购头等洗衣机器，专洗中外衣服，厂设上海里虹口裴伦路。用上等肥皂，所洗各色衣服等料，清洁异常，与众不同，且永久不坏，衣服洗价，亦格外公道。出衣迅捷，每日备有马车收送衣服。如蒙惠顾，请认明本公司招牌可也，特此布告。"

广告的标题为《新创中国机器洗衣公司》。此"中国"二字，不知是指中国第一家（尽管 1878 年已有，但年代久远，可能已关闭，无社会影响），还是公司的正式名称。创办这家公司的是鲁麟洋行。广告中提到，洗衣用具是外国进口的洗衣机，所说衣服是"中外衣服"，当然包括西服，只是未说明西服是干洗还是湿洗。衣服干洗的历史早于洗衣机的诞生，早在 1845 年世界上第一座衣服干洗厂就已出现于巴黎，而最早的用于干洗的清洁剂在 1690 年时已有记载。以此推算，鲁麟洋行在中国开办的这家机器洗衣公司，应以清洁剂代替水来干洗西服。因为这家公司的服务对象不可能是普通中国百姓，而主要是外国人以及与他们打交道的中国商人。

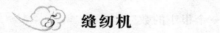

缝纫机

缝纫机大约是 1851 年开始在美国投入生产的。1866 年 5 月 17 日的广州《中外新闻七日录》上已有文章介绍缝纫机的用途，并配有图片。文章详细介绍了这种代替手工缝纫的新机器的形状、构造和特点，大意谓：此种机器，西国刚造成不久，而中国人几乎还没有见过。此机器用双脚踏动，带动飞轮转动，便可走针如飞；用于缝衣服，制毛巾，一机可抵手工裁缝 10 人。

到 19 世纪 70 年代，上海已有缝纫机，最早使用者是寓沪西方妇女。王韬在其 1875 年出版的《瀛堧杂志》中写道：我所居住的上海城的南端，有一美国妇女，家有西国缝衣奇器一台，据说制衣速度飞快，一丈长的绢，顷刻成衣。我对此极有兴趣，某日与孙次公一同去看。机器上方是一铜盘，上装有缝衣针；下有铁制飞轮，脚踏木板，轮便转动。观其所缝衣服，针脚细密。近来这种机器在上海已盛行，裁缝每购一具，可抵女红 10 人。1876 年成书的葛元煦的《沪游杂记》中也记载道：缝衣机器，机头长约一尺，可放在桌上使用。上有铜盘，插针用，下有铁轮。将布放于针下，踩动木板，针缝自己运行，速度很快。根据这些记载，可知当时的缝纫机的踏板是木制的。到 1888 年，据海关报告："缝纫机现在逐渐输入，用来缝制厚底的长袜。"使用者显然不是家庭主妇，而是手工生产长袜的女工。生产者使用缝纫机，表明它的需求量已不是一个很小的数字了。

其他城市输入缝纫机的时间稍晚于上海。1884 年一份外商在华商务报告中提到，某城市输入了"有限的几架缝纫机"。19 世纪 80 年代有关广州的商务报告提到"缝纫机以及无数其他的货物，都有买主"。

清末输入中国的缝纫机主要是美国胜家公司的产品，这是一家跨国公司。1905 年，胜家公司的缝纫机大量倾销中国，当时正值中国发生抵制美货运动，该公司赶紧登报声明，说该公司虽然总部设于美国，但有 8 个子公司，分布于世界各国，运往中国的产品，是苏格兰厂制造的，希望中国人理解，不要抵制这种机器。

胜家缝纫机公司在中国许多大城市都设有销售代理处。1906 年位于崇文门内的北京代理处经理温子君特意从美国总公司运来胜家缝纫机一台，赠送给慈禧太后，机器外罩着黄缎绣套，上面写着："敬呈慈宫赏玩"六个大字，有鼓乐队几十人开道，后有数辆马车护驾，从东交民巷的美国使馆出发，至外务部，由外务部转交。外国的很多新器物都要进呈给慈禧和皇帝，目的是让他们开开眼界，减少在中国流行的阻力。

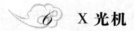

6 X 光机

1899 年 8 月，上海嘉永轩主人从欧洲购入一台 X 光机并在沪当众演示，此为 X 光机的最早传入。X 射线为德国物理学家伦琴于 1895 年 11 月 8 日所发现，是 19 世纪末三项重大科学发现（X 射线、放射性、电子）中的第一项，被誉为人类揭开微观世界秘密的第一道闪光。1895 年 11 月 8 日，伦琴在研究阴极射线时，偶然发现了一种新的射线，肉眼虽观察不到，却可使氰亚铂酸钡发出荧光。透过这种射线，他在荧光屏上竟能看到自己手指的形状，他弯曲手指，紧握拳头，荧光屏上的阴影也跟着动了起来，他试着把氰亚铂酸钡换成普通的摄影胶片，结果发现胶片曝光了。他又在真空玻璃管和摄影胶片之间放上钥匙、猎枪等物品，结果这些金属制品全部清清楚楚地投影在胶片上。这时，他夫人来到了实验室，伦琴透过射线把夫人的手指用照片拍摄下来，不仅指骨清晰可见，连结婚纪念戒指都被照了下来。以后的一段时间，伦琴通过对这种射线的性质所做的各种实验分析，对其性质进行了理论概括：射线的穿透能力与障碍物的密度和厚度成反比；放电管的真空度越高，发出的射线穿透能力就越强。当时，伦琴对这种射线的本质不知究竟，故称之为 X 射线，后人为纪念发现者，亦称为伦琴射线。

1895 年 12 月 28 日，伦琴在物理医学会上就 X 射线发表了论文。翌年 1 月 5 日，维也纳的报纸刊载了关于 X 射线的专稿，世界各报竞相报道。不久，人们根据伦琴的发现制成 X 光机，1896 年初即被运用于医学和金属检验。

伦琴披露其科学发现数月，X 光机刚刚制成，中国报刊立即予以报道。1896 年 5 月 13 日《益闻录》报道说：西方的科学技术精益求精，现又新发明一种机器，可以照见人的肌肉骨骼。有某患者数年前受枪击，弹丸留在体内，时时作痛，不知准确位置。经此机器一照，清楚可见，医生用刀，立刻取出。此种机器于医学真是大有裨益也。

到 1896 年底，由于 X 光机大受欢迎，迅速改进，已经不仅能检查骨骼，而且能检查内脏。1897 年 2 月 22 日《时务报》转引上年 12 月 24 日《横滨日日报》消息云："凡目不能见之物，用劳忒根光带摄影新法，即能照出影像。此法迭经精益求精。现在不独身内骨架之外形易于见诸照相机内，即较大不透光之上焦，亦能视见，由此活人之心在身内跳动，以及骨架之影，确能显见……密希甘大书院院长，近由医家数人，帮同在格致室外用巧制器具，迭次悉心试验。诸君及所请各客，得见活人心动，且走动之时，并能见其身上各处之骨动静，实属奇观。各客不甚精格致者，见之莫不骇然惊而悚然惧焉。"

X光机最初被用于医学，随即由于其能探测金属等物，被应用于海关验物。根据中国报刊的报道，后一项应用至少在1897年7月已经开始。当年《时务报》据7月24日美国《格致报》、8月19日上海《字林西报》消息云："美国开力福尼亚省有医生名郁克姆者，以曷格司射光（西人郎勤以新法制成一种机器，各曰曷格司射光，凡人身及金类，经此机器一照，即能洞见其蕴）照一病人之疮管，并用照相镜摄留一影。当照相时，病者之旁，偶有一石，迨照毕，晒上纸片，以察疮管之病，则见身旁之石，中现斑点，遂察出石内有金，乃知此曷格司光非特能照人身，无微不见，且可以察石中之蕴。医生今得此法元无意之中，自是而后凡地学家、金石家，皆可以持此以考察各种矿产矣。又：伦敦《威斯明斯他报》言：近日法国税关，试用曷格司光以验货物行李。其中所藏，纤悉靡遗，而偷漏私运者无从作弊矣。"由这篇报道可知，最晚到1897年，中国对X射线已有了比较标准的译名"曷格司射光"，以取代过去那种"照机新法"、"电光摄影"等杂乱名称及"劳忒根光"等不标准的音译。到1899

年，随着 X 光机的传入，又有了"爱格司光"这一更接近音译的译名。

中国俗语有"耳听为虚，眼见为实"之说。如果说西方人亲眼见到 X 光机照出"活人心动"时"莫不骇然惊而悚然惧"，那么对于远隔重洋的中国人来说，这种科学新技术不啻是一种天方夜谭。打破其神秘性，使中国人确信 X 光存在的，是 1899 年嘉永轩主人（其姓名暂不可考）在上海的一项现场演示。1899 年 8 月 30 日，上海《中外日报》为之报道云："嘉永轩主人娴心格致，精于光学，今由欧州运来爱格司射光镜一具，特假《昌言报》馆演试，以供众览。兹承主人折柬相邀，拨冗往观，果为奇特。无论人身骨肉，以及竹木纸布内藏什物，照之无不毫丝毕露，状如玻璃。洵为见所未见也。讲求光学者，盍亟往观，以为探求格致之一助。"

事隔两日，《中外日报》特发论说，专门介绍 X 射线及 X 光机，述其发现及应用过程，激励中国人讲求科学，创制新器。

从 1895 年 X 射线的发现，到 1899 年 X 光机的传入，前后相距仅 4 年，是国外新科技传入最迅速的一种。

参考书目

1. 姚贤镐编《中国近代对外贸易史资料》，中华书局，1962。

2. 彭泽益编《中国近代手工业史资料》，中华书局，1962。

3. 孙毓棠编《中国近代工业史资料》第1辑，中华书局，1957。

4. 宓汝成编《中国近代铁路史资料》，中华书局，1963。

5. 上海社会科学院经济研究所等著《上海近代百货商业史》，上海社会科学院出版社，1988。

6. 邮电史编辑室编《中国近代邮电史》，人民邮电出版社，1984。

7. 《中国军事史》编写组编著《中国军事史》第1卷，解放军出版社，1983。

8. 刘志琴主编《近代中国社会文化变迁录》，浙江人民出版社，1998。

《中国史话》总目录

系列名	序号	书名	作者	
物化历史系列（28种）	24	寺观史话	陈可畏	
	25	陵寝史话	刘庆柱	李毓芳
	26	敦煌史话	杨宝玉	
	27	孔庙史话	曲英杰	
	28	甲骨文史话	张利军	
	29	金文史话	杜　勇	周宝宏
	30	石器史话	李宗山	
	31	石刻史话	赵　超	
	32	古玉史话	卢兆荫	
	33	青铜器史话	曹淑芹	殷玮璋
	34	简牍史话	王子今	赵宠亮
	35	陶瓷史话	谢端琚	马文宽
	36	玻璃器史话	安家瑶	
	37	家具史话	李宗山	
	38	文房四宝史话	李雪梅	安久亮
制度、名物与史事沿革系列（20种）	39	中国早期国家史话	王　和	
	40	中华民族史话	陈琳国	陈　群
	41	官制史话	谢保成	
	42	宰相史话	刘晖春	
	43	监察史话	王　正	
	44	科举史话	李尚英	
	45	状元史话	宋元强	
	46	学校史话	樊克政	
	47	书院史话	樊克政	
	48	赋役制度史话	徐东升	
	49	军制史话	刘昭祥	王晓卫

系列名	序号	书　名	作　者
制度、名物与史事沿革系列（20种）	50	兵器史话	杨　毅　杨　泓
	51	名战史话	黄朴民
	52	屯田史话	张印栋
	53	商业史话	吴　慧
	54	货币史话	刘精诚　李祖德
	55	宫廷政治史话	任士英
	56	变法史话	王子今
	57	和亲史话	宋　超
	58	海疆开发史话	安　京
交通与交流系列（13种）	59	丝绸之路史话	孟凡人
	60	海上丝路史话	杜　瑜
	61	漕运史话	江太新　苏金玉
	62	驿道史话	王子今
	63	旅行史话	黄石林
	64	航海史话	王　杰　李宝民　王　莉
	65	交通工具史话	郑若葵
	66	中西交流史话	张国刚
	67	满汉文化交流史话	定宜庄
	68	汉藏文化交流史话	刘　忠
	69	蒙藏文化交流史话	丁守璞　杨恩洪
	70	中日文化交流史话	冯佐哲
	71	中国阿拉伯文化交流史话	宋　岘

系列名	序号	书　名	作　者	
思想学术系列（21种）	72	文明起源史话	杜金鹏	焦天龙
	73	汉字史话	郭小武	
	74	天文学史话	冯时	
	75	地理学史话	杜瑜	
	76	儒家史话	孙开泰	
	77	法家史话	孙开泰	
	78	兵家史话	王晓卫	
	79	玄学史话	张齐明	
	80	道教史话	王卡	
	81	佛教史话	魏道儒	
	82	中国基督教史话	王美秀	
	83	民间信仰史话	侯杰	
	84	训诂学史话	周信炎	
	85	帛书史话	陈松长	
	86	四书五经史话	黄鸿春	
	87	史学史话	谢保成	
	88	哲学史话	谷方	
	89	方志史话	卫家雄	
	90	考古学史话	朱乃诚	
	91	物理学史话	王冰	
	92	地图史话	朱玲玲	
文学艺术系列（8种）	93	书法史话	朱守道	
	94	绘画史话	李福顺	
	95	诗歌史话	陶文鹏	
	96	散文史话	郑永晓	
	97	音韵史话	张惠英	
	98	戏曲史话	王卫民	
	99	小说史话	周中明	吴家荣
	100	杂技史话	崔乐泉	

系列名	序号	书 名	作 者	
社会风俗系列（13种）	101	宗族史话	冯尔康	阎爱民
	102	家庭史话	张国刚	
	103	婚姻史话	张 涛	项永琴
	104	礼俗史话	王贵民	
	105	节俗史话	韩养民	郭兴文
	106	饮食史话	王仁湘	
	107	饮茶史话	王仁湘	杨焕新
	108	饮酒史话	袁立泽	
	109	服饰史话	赵连赏	
	110	体育史话	崔乐泉	
	111	养生史话	罗时铭	
	112	收藏史话	李雪梅	
	113	丧葬史话	张捷夫	
近代政治史系列（28种）	114	鸦片战争史话	朱谐汉	
	115	太平天国史话	张远鹏	
	116	洋务运动史话	丁贤俊	
	117	甲午战争史话	寇 伟	
	118	戊戌维新运动史话	刘悦斌	
	119	义和团史话	卞修跃	
	120	辛亥革命史话	张海鹏	邓红洲
	121	五四运动史话	常丕军	
	122	北洋政府史话	潘 荣	魏又行
	123	国民政府史话	郑则民	
	124	十年内战史话	贾 维	
	125	中华苏维埃史话	杨丽琼	刘 强
	126	西安事变史话	李义彬	
	127	抗日战争史话	荣维木	

系列名	序号	书名	作者	
近代政治史系列（28种）	128	陕甘宁边区政府史话	刘东社	刘全娥
	129	解放战争史话	朱宗震	汪朝光
	130	革命根据地史话	马洪武	王明生
	131	中国人民解放军史话	荣维木	
	132	宪政史话	徐辉琪	付建成
	133	工人运动史话	唐玉良	高爱娣
	134	农民运动史话	方之光	龚 云
	135	青年运动史话	郭贵儒	
	136	妇女运动史话	刘 红	刘光永
	137	土地改革史话	董志凯	陈廷煊
	138	买办史话	潘君祥	顾柏荣
	139	四大家族史话	江绍贞	
	140	汪伪政权史话	闻少华	
	141	伪满洲国史话	齐福霖	
近代经济生活系列（17种）	142	人口史话	姜 涛	
	143	禁烟史话	王宏斌	
	144	海关史话	陈霞飞	蔡渭洲
	145	铁路史话	龚 云	
	146	矿业史话	纪 辛	
	147	航运史话	张后铨	
	148	邮政史话	修晓波	
	149	金融史话	陈争平	
	150	通货膨胀史话	郑起东	
	151	外债史话	陈争平	
	152	商会史话	虞和平	
	153	农业改进史话	章 楷	
	154	民族工业发展史话	徐建生	
	155	灾荒史话	刘仰东	夏明方
	156	流民史话	池子华	
	157	秘密社会史话	刘才赋	
	158	旗人史话	刘小萌	

系列名	序号	书 名	作 者		
近代中外关系系列（13种）	159	西洋器物传入中国史话	隋元芬		
	160	中外不平等条约史话	李育民		
	161	开埠史话	杜 语		
	162	教案史话	夏春涛		
	163	中英关系史话	孙 庆		
	164	中法关系史话	葛夫平		
	165	中德关系史话	杜继东		
	166	中日关系史话	王建朗		
	167	中美关系史话	陶文钊		
	168	中俄关系史话	薛衔天		
	169	中苏关系史话	黄纪莲		
	170	华侨史话	陈 民	任贵祥	
	171	华工史话	董丛林		
近代精神文化系列（18种）	172	政治思想史话	朱志敏		
	173	伦理道德史话	马 勇		
	174	启蒙思潮史话	彭平一		
	175	三民主义史话	贺 渊		
	176	社会主义思潮史话	张 武	张艳国	喻承久
	177	无政府主义思潮史话	汤庭芬		
	178	教育史话	朱从兵		
	179	大学史话	金以林		
	180	留学史话	刘志强	张学继	
	181	法制史话	李 力		
	182	报刊史话	李仲明		
	183	出版史话	刘俐娜		

系列名	序号	书名	作者
近代精神文化系列（18种）	184	科学技术史话	姜　超
	185	翻译史话	王晓丹
	186	美术史话	龚产兴
	187	音乐史话	梁茂春
	188	电影史话	孙立峰
	189	话剧史话	梁淑安
近代区域文化系列（一种）	190	北京史话	果鸿孝
	191	上海史话	马学强　宋钻友
	192	天津史话	罗澍伟
	193	广州史话	张　苹　张　磊
	194	武汉史话	皮明麻　郑自来
	195	重庆史话	隗瀛涛　沈松平
	196	新疆史话	王建民
	197	西藏史话	徐志民
	198	香港史话	刘蜀永
	199	澳门史话	邓开颂　陆晓敏　杨仁飞
	200	台湾史话	程朝云

《中国史话》主要编辑
出版发行人